中国
能源消费系统及革命

• 刘洪涛 / 柴　建　著 •

山西出版传媒集团　山西经济出版社

图书在版编目（CIP）数据

中国能源消费系统及革命 / 刘洪涛，柴建著．—太原：山西经济出版社，2020．3

ISBN 978-7-5577-0661-6

Ⅰ．①中… Ⅱ．①刘… ②柴… Ⅲ．①能源消费—研究—中国 Ⅳ．①F426．2

中国版本图书馆CIP数据核字（2020）第046855号

中国能源消费系统及革命

ZHONGGUO NENGYUAN XIAOFEI XITONG JI GEMING

著　　者：刘洪涛　柴　建
责任编辑：申卓敏
封面设计：阎宏睿

出 版 者：山西出版传媒集团·山西经济出版社
地　　址：太原市建设南路 21 号
邮　　编：030012
电　　话：0351—4922133（市场部）
0351—4922085（总编室）
E - mail：scb@ sxjjcb. com（市场部）
zbs@ sxjjcb. com（总编室）
网　　址：www. sxjjcb. com

经 销 者：山西出版传媒集团·山西经济出版社
承 印 者：山西出版传媒集团·山西人民印刷有限责任公司

开　　本：787mm × 1092mm　1/16
印　　张：14. 5
字　　数：200 千字
印　　数：1—1000 册
版　　次：2020 年 3 月　第 1 版
印　　次：2020 年 3 月　第 1 次印刷
书　　号：ISBN 978-7-5577-0661-6
定　　价：58. 00 元

前言 FOREWORD

随着经济的日益增长与繁荣，中国对能源的整体需求也不断攀升，而能源消费所带来的污染排放对生态环境的影响也将越来越明显，能源资源和环境承载力对中国经济社会发展的制约将不断增强，我国在全球气候变化问题上也承受着越来越大的压力。现阶段，能源资源的可持续利用、环境保护与我国经济可持续发展等问题的研究已成为管理学、经济学的重要课题。这就要求理论界将能源环境问题纳入经济分析框架中，从经济大环境出发，以不同视角系统性地研究经济发展对能源消费的影响效应，以及深入分析并系统性地理清产业结构、能源消费结构以及能源消费强度之间的关联关系，从而为我国能源消费革命及众多节能减排目标的实现提供系统和科学的指导。

本书首先基于经济大环境，从经济系统出发研究最终总需求、消费、投资、进出口对能源消费的影响效应及机理，也考虑到了产业间的能源消费关系；其次对产业结构、能源结构对能源效率的影响机理及效应进行了详细深入的建模分析；最后立足于以上两部分的分析经验以及我国能源消费转型革命的大背景下对我国能源系统革命的影响进行模拟估计。希望本书可以加深读者对我国能源消费系统的理解，为我国能源革命的实现提供一定的参考。

本书的研究工作得到了国家自然科学基金的支持。

书中难免存在不足甚至谬误，欢迎广大读者批评指正。

目 录

第二编

第三编

第1章 绪论

能源是人类社会发展的重要推动力。工业革命以来，世界经济取得了巨大的发展，但这也伴随着大量化石能源的消耗及二氧化碳的排放，破坏了生态环境，加剧了全球变暖风险，给全球的可持续发展带来了严峻的挑战。中国是世界人口大国，且正处于工业化、城镇化快速发展的阶段，对能源的需求强劲，2018 年占全球能源消费增长的 34%，且已连续 18 年成为全球能源消费增长的最主要来源。能源的高消费及以煤为主的能源结构必然带来大量的二氧化碳排放，为缓解气候压力、承担国际责任，中国政府制定了一系列的节能减排目标。如《能源发展“十三五”规划》提出要将能源消费总量控制在 50 亿吨标准煤以下，天然气及非化石能源消费比重分别提高至 10% 及 15% 以上，将煤炭消费比重降低到 58% 以下，且单位国内生产总值能耗及二氧化碳排放水平分别比 2015 年下降 15% 和 18%；《能源生产和消费革命战略（2016—2030）》中也进一步要求 2021—2030 年能源消费总量控制在 60 亿吨标准煤以内，非化石能源和天然气在能源消费总量中占比分别达到 20% 和 15% 左右，单位国内生产总值二氧化碳排放比 2005 年下降 60%—65%，并争取 2030 年达到二氧化碳排放峰值。因此，面对日益凸显的资源环境约束和国际二氧化碳减排压力，节能减排是中国经济可持续发展的必然选择。

为了能够制定合理的节能减排政策以实现相应的能源消费总量、能源结构消费调整、能源强度、二氧化碳排放强度、二氧化碳排放总量控制等一系列目标，我们需要基于这些目标从不同角度对中国能源消费系统有一个充分的认知。然而，由于经济系统本身的复杂性，实际上学术领域对经济增长和能源消费、结构升级与能源强度之间的关联关系一直都缺乏系统的认识。因此，从不同角度出发更加系统、全面地研究中国经济转型期能源消费系统的内外部作用机理将对中国节能减排政策的制定和能源消费革命的实现具有重大意义。

1.1 研究背景

作为人类社会赖以生存和发展的重要物质基础，能源的改进和更替推动着人类经济社会发展中的每一次重大进步。从以薪柴为主到以煤炭为主，再到以油气为主，每一次能源消费结构的变化，都伴随着生产力的巨大飞跃，并极大地推动了人类经济社会的发展。已完成工业化的发达国家，如美国，随着消费水平的提高对能源的需求持续增加，而发展中国家的工业化尚未完成，能源消费必将快速攀升。大量化石能源消费所累积的二氧化碳排放给人类生存和发展带来严峻挑战。当前，世界能源供求格局正在不断调整，全球应对气候变化的政策及行动也进入了新的阶段，新一轮的能源革命正蓬勃兴起，我国也正处于经济发展的转型阶段，经济增速放缓，能源消费将持续增长，发展质量和效率问题突出，能源转型变革任重道远。

1.1.1 现实背景

随着世界经济的日益增长与繁荣，十多亿人口的收入不断增加，对能源的整体需求也不断攀升（如图1－1），据BP统计，自1965年至2018年全球一次能源总消费量由3703.4百万吨油当量增长至13864.9百万吨油当量，增长了近3倍多。由图1－1进一步可以看出北美洲、欧洲、亚太地区的国家对一次能源的总消费量贡献最大，且北美洲、欧洲的主要发达国家的一次能源消费总量逐渐趋于稳定，而亚太地区的新兴经济体对一次能源需求量及占全球能源消费的总量持续快速上升，从而导致了总一次能源需求的快速增长，2018 年全球一次能源消费增长速度达到了 2.9%，这是自 2010 年以来的最快的增长速度。以上趋势表明世界能源消费的重心已由欧美地区转向亚太地区，作为亚太地区的一员，如何在保持经济不断发展的同时又能实现二氧化碳排放量的减少是中国经济及能源转型过程中所面临的一个重大挑战。

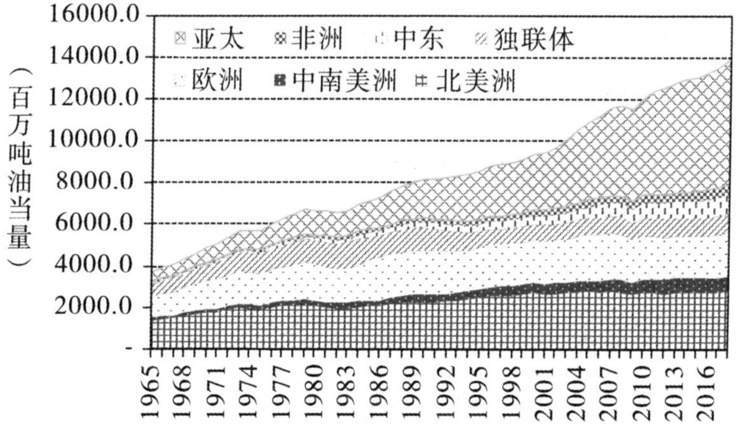

图 1-1　1965—2018 年全球一次能源消费量

数据来源：BP Statistical Review of World Energy 2019。

自改革开放以来中国经济社会发展取得了明显的进步。1960—2018 年我国的国内生产总值由 12826.76 百万美元增加至 1080056.84 百万美元，58 年间增加了近 83 倍，年均增长率将近 8.2%。由图 1-2 可知，1978 年改革开放后我国 GDP 增长速度逐渐趋于稳定，并在 1990 年之后实现了 GDP 的高速增长；1990—2007 年的年均增长速度达到 10.2%，2008 年之后经济增长速度趋于稳定并有所放缓，在这一阶段中国经济总量取得了总量上的飞跃。

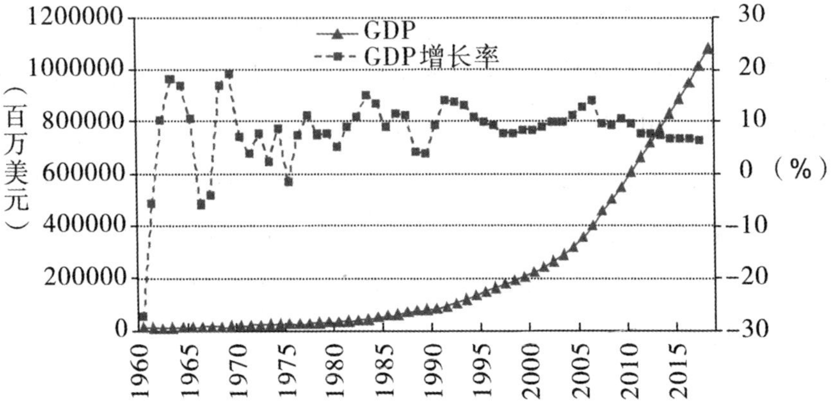

图 1-2 中国 GDP 增长趋势及增长速度（2010 年不变价）

数据来源：World Bank Website。

伴随着经济总量的积累，我国的经济结构也有了一定的转变，如图 1-3，1970 年前经济结构不太稳定，第一产业是占主体，第二产业占比波动上升，服务业占比缓慢下降；1970 年之后第二产业占比超过农业占比，我国开始进入工业化初期，第二产业占比快速上升，第一、三产业的占比缓慢下降；1978 年改革开放之后，第二产业占比稍有下降，第三产业占比开始增加并于 1985 年开始超过第一产业占比，这表明我国产业结构有所改进；1990 年之后第二产业占比上升并趋于稳定，第三产业占比稍有下降后持续上升并在 2013 年超过第二产业占比成为主导，此时第二产业占比有所下降，这标志着我国经济发展进入了新的阶段。

经济总量增长及结构转变的最直接表现是物质资源的丰富、不断完善的社会基础设施以及日益提高的收入及生活水平，如我国水泥、钢铁、汽车的产量分别由 1965 年的 1634 万吨、1223 万吨、4.05 万辆增加至 2018 年的 220771 万吨、92800.9 万吨和 2781.9 万辆；1960 年至今，公路里程从 51 万公里增加到 477.35 万公里，铁路营业里程由 3.39 万公里增加至 12.7 万公里；城市和农村人均住宅面积也增加了近 4 倍，服务业的发展及家用电器的丰富使生活用能增加了近 4.66 倍。而这些现象的背后离不开对大量的以能源为主导的物质资源的消费。

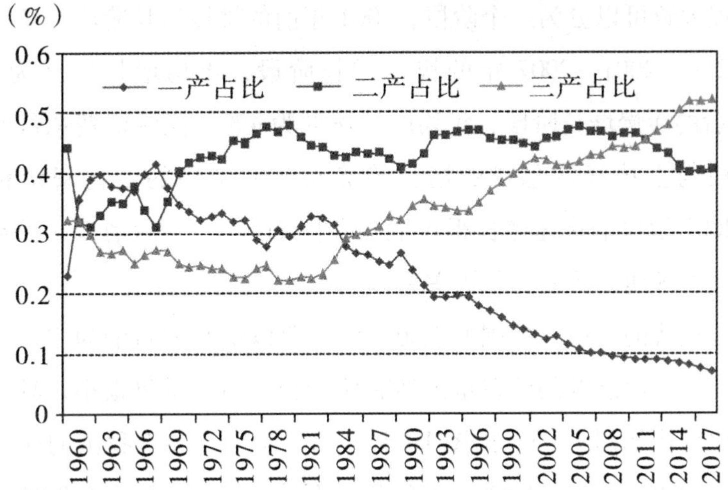

图 1-3 中国经济结构变化趋势

数据来源：中国统计局网站。

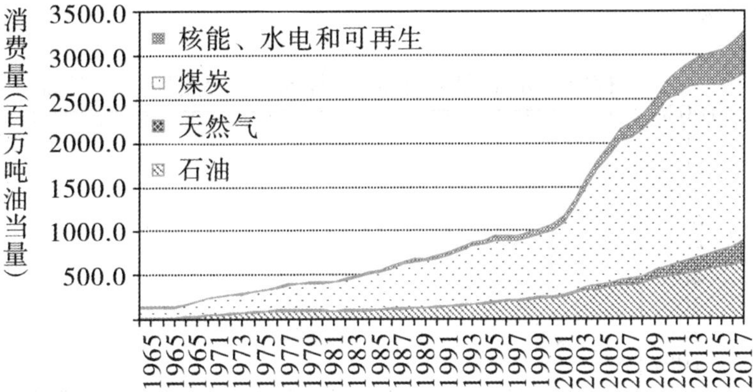

图 1-4 中国能源消费总量变化趋势

数据来源：BP Statistical Review of World Energy 2019。

虽然我国长期坚持“节约与开发并举，并把节约放在首位”的战略，但随着经济的高速增长，我国能源消费总量与日俱增。2018 年我国一次能源消费总量达到 3273.5 百万吨油当量，其中消耗煤炭 1906.7 百万吨油当量，石油 641.2 百万吨油当量，天然气 243.3 百万吨油当量，核电等其他一次能源 482.2 百万吨油当量。由图 1-4 可知，我国一次能源消费总量的增长过程大致可以分为三个阶段，2001 年前的缓慢增长阶段，年均增长速度为 6.2%，2001—2007 年的快速增长阶段，年均增长速度为 12.4%，2008 年后的缓慢增长阶段，年均增长速度为 4%，能源消费总量的不同的增长阶段与上述经济总量的增长趋势及产业结构的变化密切相关，如 2001—2007 阶段的快速增长很可能与我国加入 WTO 后消费、投资、进出口等经济大环境的改善有很大关系。

随着经济的发展，中国的能源消费主要以煤炭和石油为主，天然气和核能等其他一次能源的消费量虽然有所增长，但总量仍很小，具体的能源消费占比结构如图 1－5。由图 1－5 可知，煤炭主导着我国的能源消费结构，一次能源消费占比始终大于 50%，石油占比基本稳定在 20% 左右，天然气和核能等其他能源前期占比非常小。近些年，随着天然气和核能等其他能源消费量的增加，煤炭消费占比有了较为明显的下降，但最低占比仍高达 58.2%。

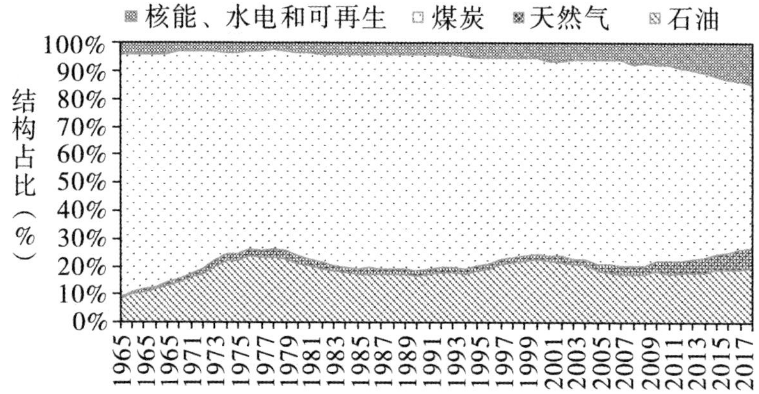

图 1－5　中国能源消费结构变化趋势

数据来源：BP Statistical Review of World Energy 2019。

中国的能源消费总量虽然很大，但人口基数大，人均能源消耗量还是很低的，如，2018 年中国人均消耗 96.9 千兆焦耳的能源，远低于美国和英国的 294.8 千兆焦耳和 120.9 千兆焦耳，这说明中国的能源消费还远低于发达国家的消费水平，随着经济的发展和人民生活水平的提高，未来的能源消费需求仍会进一步上升。我国能源资源的结构特点可以概括为“富煤，贫油，少气”，资源禀赋决定我国的能源消费结构必将长期以煤炭消费为主，而煤炭又是一种高污染高排放的化石燃料，煤炭的消耗会排放大量的烟尘、二氧化硫、氮氧化物和二氧化碳等污染气体，破坏生态环境。据政府间气候变化委员会（IPCC）统计，每燃烧 1 吨煤炭会产生 4.12 吨的二氧化碳气体，比石油和天然气每吨多 30% 和 70%，因此，随着能源需求的增加，我国二氧化碳排放量迅速增长（如图 1－6 所示）。我国二氧化碳排放的整体趋势与能源消费类似，由增长率曲线也可以看出，在 2000—2007 年左右处于高速增长阶段；且与美国相比，2005 年前我国二氧化碳排放量远低于美国，2005 年后则超过美国成为世界第一大二氧化碳排放国；1965 年中国二氧化碳排放仅占世界总排放的 4.4%，近期这一比例则增长至 27% 左右 。

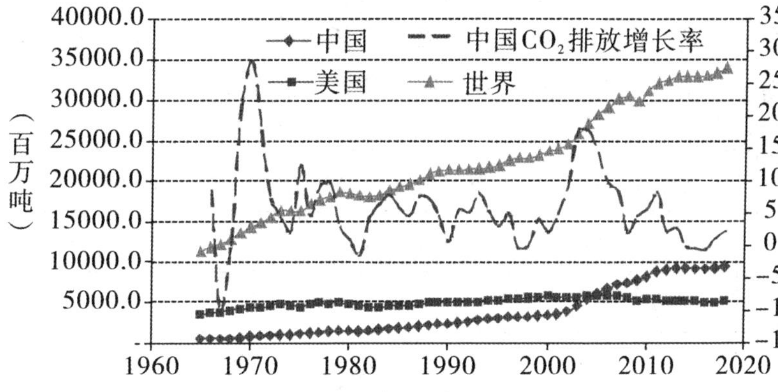

图 1－6 中国能源消费结构变化趋势

数据来源：BP Statistical Review of World Energy 2019。

面对全球气候变化的威胁，国际社会减排二氧化碳的呼声日益强烈，这也给我国在温室气体排放上带来了巨大的政治和经济压力。作为发展中国家，根据人类历史上首次以法规的形式限制温室气体排放的《京都议定书》的要求，我国并没有减少二氧化碳排放的义务。但随着我国经济的进一步发展、人口的增加以及生活水平的提高，未来对能源的需求量相当强劲，而能源消费所带来的污染排放对生态环境的影响也将越来越明显，能源资源和环境承载力对中国经济社会发展的制约将不断增强，我国在全球气候变化问题上也承受着越来越大的压力。

面对资源禀赋的局限、经济增长对能源的硬性需求以及碳减排的压力，经济增长的能源效率和排放效率也是中国能否实现可持续发展的关键所在。能源消费强度和二氧化碳排放强度是我国制定能源规划时常用的两个效率指标，可以从宏观上度量能源使用效率。能源消费强度指单位 GDP 产出所消费的能源数量，类似地，二氧化碳排放强度指单位 GDP 产出所产生的二氧化碳排放量，如图 1－7 所示，我国能源强度和二氧化碳排放强度从 1978 年开始总体上呈现下降趋势，能源强度由 1978 年的 135. 2 吨油当量/万美元下降到 2018 年的 30. 3 吨油当量/万美元，二氧化碳排放强度由 1978 年的 483. 1 吨/万美元下降到 2018 年的 87. 3 吨/万美元，强度的大幅下降不仅与效率的提升有关，也可能是由指标中产出的快速增长所导致的。两者走势稍有差异，这可能与能源消费结构转变以及相关技术变化有关。现今，尽管我国自改革开放以来在降低单位 GDP 能耗提高能源效率等方面取得了巨大的进步，但离发达国家依然有较大差距。

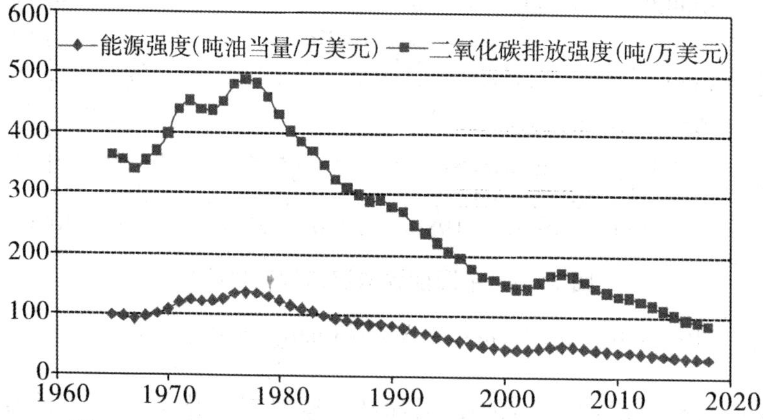

图 1－7　中国能耗强度及二氧化碳排放强度的变化趋势

数据来源：BP Statistical Review of World Energy 2019。

通过以上对经济总量、经济结构、能源消费总量、能源消费结构、能源强度和二氧化碳的变化趋势的详细分析，不难看出中国下一阶段的经济增长不仅受到国内能源资源供给量和环境承载力的严重制约，同时也面临着国际二氧化碳减排压力。能源资源的可持续利用、环境保护与我国经济可持续发展等问题的研究已成为管理学、经济学的重要课题。这就要求理论界将能源环境问题纳入经济分析框架中，从经济大环境出发，以不同视角系统性地研究经济发展对能源消费的影响效应，以及深入分析并系统性地理清产业结构、能源消费结构以及能源消费强度之间的关联关系，从而为我国能源消费革命及众多节能减排目标的实现提供系统和科学的指导。

1.1.2 理论背景

能源政策和环境政策的制定和实施，需要对特定经济活动对能源环境的影响进行系统的分析，包括经济增长过程中最终需求的变动对能源消费的影响等。能源消费和经济增长之间存在复杂的紧密关联关系，许多理论探讨了这些关系，但仍有许多尚待进一步研究的问题。古典经济学中，自然资源通常被看作是经济增长的决定性因素。经济增长受到土地供应的制约和支配，关系到福利水平的提高。配第（Petty）和魁奈（Quesnay）等认为土地、能源资源等自然资源在人类经济活动中起着基础性的作用，人类经济生产能力要受到自然资源的约束。古典经济学家们通过将自然资源纳入社会经济的研究范围，认识到自然资源稀缺性对经济生产的制约，相继提出了自然资源绝对稀缺论、自然资源相对稀缺论和静态经济理论。托马斯·马尔萨斯（Thomas Malthus）认为不变的土地供给和农业的报酬递减，加上人口的增长，将使人们的生活水平下降到维持生计的最低水平，经济达到稳定状态。和马尔萨斯的自然资源绝对稀缺论不同，大卫·李嘉图（David Ricardo）认为自然资源的稀缺是相对的。李嘉图认识到自然资源对经济增长约束作用的同时也提出了生产技术和自然资源这两种生产要素之间的替代关系，采用土地报酬递减的观点，他提出并发展了经济稳定状态的概念。在马尔萨斯和李嘉图研究的基础上，约翰·穆勒（John Stuart Mill）探讨了经济增长和环境承载力之间存在的相对冲突，在考虑到化石燃料的使用对农业生产率增长的促进作用和自然资源、资本稀缺性的基础上，创造性地提出了“静态经济”的概念。古典经济学对经济增长中自然资源作用的认识较为简单、朴素，但对当前能源资源的可持续利用研究影响深远。

新古典经济学的研究中倾向于将自然资源稀缺性作为既定的假设前提，较少提出如何解决自然资源稀缺的方法，如马歇尔（Marshall）认为科技进步带来的边际报酬递增可以抵消自然资源生产中的边际报酬递减，市场机制中反映资源稀缺程度的价格可以调节资源供求。因此，19 世纪 70 年代，尽管新古典经济学家系统地调查了资源的效率及最优的消耗，将自然资源引入新古典经济增长模型，但新古典经济学强调科学技术而非物质资源才是决定经济增长的最关键要素。索罗（Solow）和库兹尼茨（Kuznets）都曾提出经济增长的决定性因素是技术进步，自然资源的稀缺性不足以阻碍经济增长。因此，新古典经济学研究过度强调了经济增长中技术进步的重要性，而忽略了可耗竭的自然资源对经济增长的长期影响，未能给出经济可持续发展和资源可持续利用的全面解答。

能源资源开发和利用过程中均存在外部性[①]。根据外部性理论，由于环境资源缺乏明确清晰的产权，能源产品的生产和消费过程产生的负外部效应将导致市场不能有效调整经济人——个人和厂商间的关系，不能使能源资源达到有效配置状态，进而带来“市场失灵”的状况。政府干预有可能消除与缓和市场失灵，例如政府可以通过适当的制度安排以提高能源资源配置效率。马歇尔（Marshall）对外部性和市场失灵现象做了重要的早期工作。外部性理论不仅是整个 20 世纪经济思想发展的重要线索之一，也成为新古典经济学的政府干预理论基础和新制度经济学的产权理论或合约理论的理论基础。随着能源问题和环境问题越来越被理论和实践界所关

① 即能源产品的生产、消费行为不可避免的会影响另一些消费者的效用或生产者的产出，并且这些影响难以补偿，如煤矿开采对地下水的破坏、二氧化碳排放导致的全球气候变化等。

注，外部性理论已经和能源经济学、资源经济学、环境经济学、发展经济学等学科融合，用于探讨长期经济增长率受资源耗竭约束的机制，产生了许多跨学科的研究结果。外部性理论也被广泛地应用于分析研究现实中由于能源开发带来的社会、经济、环境等问题，为产业经济结构升级、经济增长与环境经济评价等可持续发展问题提供解决方案，为政府能源政策的制定提供理论依据。

考虑到生产过程或者消费行为所产生的负的污染外部效应，庇古（Pigou）基于外部性理论，首先对污染问题进行了系统的经济分析，为福利经济学做了开创性的工作。能源资源开发消费带来的外部效应往往是市场本身无法消除的，庇古提出政府应该利用国家拥有的征税权力，根据外部效应的性质（正或者负）向生产者或者消费者征税（或补贴），用税收（补贴）来弥补私人成本和社会成本之间的差距，使两者相等。随着对环境问题研究的不断深入，福利经济学中仅把经济活动造成的环境污染当作一种福利经济问题，责令生产者或消费者根据外部性偿付损害环境的费用，无法解决自然系统和经济系统相互依存产生的可持续问题。

从可持续发展理论出发，所有能源产品的利用均可实现多重目标，从个人生活水平提高到国家经济发展，从技术水平提高到国家战略优势。但对经济增长和能源消费之间的关系来说，可持续发展理论研究并未给出系统的解答。从经济和管理的角度分析，以存量形式存在的自然资源，尤其是不可再生的能源资源，是推动经济发展的长期财富。随着环境经济学、能源经济学、生态经济学等新兴交叉学科的兴起，在全球性环境问题多发的背景下，产生了“能源—经济—环境”理论来全面分析能源、经济和环境系统之间的复杂动态关系。总体说来，“能源—经济—环境”理论研究还处于初级阶段，对于经济发展不同阶段中能源消费的影响因素，尚缺乏系统深入的研究。

从系统的角度分析，能源、经济和环境是有着动态交互影响关系的复杂系统。能源资源作为经济活动生产要素促进经济增长的同时，也会由于其外部性阻碍经济的可持续发展。经济增长对能源消费的影响效应会因为工业化进程、经济增长所处阶段、产业结构发展水平、社会消费结构和能源消费结构等因素的不同而表现出不同的特征。因此，政府宏观经济、环境政策的制定过程中必须考虑上述因素对能源消费、经济增长和环境质量的影响。

1.2 研究问题的提出

化石能源是现代经济社会运行和发展的基础。由于不可再生的化石能源开发利用过程中存在着负外部性，化石能源作为经济发展动力的同时也给经济的可持续发展带来了制约。系统分析经济、能源和环境之间的复杂动态关系，对经济的发展战略、相关能源环境政策的制定都十分重要。

作为世界上人口规模和经济规模最大的发展中国家，我国经济的进一步增长必然面临着不断增长的能源需求和能源资源稀缺性之间的矛盾。随着可持续发展观念的深入人心和能源资源、环境承载力对经济增长约束作用的不断增强，人们也越来越清楚地认识到单纯追求 GDP 增长速度所导致的负面效应。对于我国这样一个人均能源资源水平较低的国家，科学的能源政策和有效的资源管理不仅应该体现在国家经济政策上，更需要被提升到国家社会经济可持续发展的战略高度。

节约资源是我国的基本国策，我国的能源系统实施“节约与开发并举，并把节约放在首位”的发展战略，近年来在国家的“十二五”规划等相关文件中更是分别明确提出了单位 GDP 能耗下降的硬性指标。节约能源（简称节能）已经受到了理论界和实践界的高度关注。节能（Energy Conservation 或 Energy Saving）通常是指人们减少能源使用数量的活动，通常有狭义和广义两种定义方式。狭义的节能一般仅指经济活动中能源效率（Energy Efficiency）的提高，即生产相同的产品或服务产出中能源消耗的减少[①]；广义的节能则不仅包含了能源效率提高，也包含了通过减少不合理的产品、服务产出或者调整产出结构，从而减少能源消耗。单位GDP能耗下降的两个主要途径就是通过能源效率的提高和产业结构的调整。因此广义的节能是更具一般性的节能定义。

从一个国家或地区的国民经济体系宏观层面分析经济增长对能源消费的影响时，需要采用广义的节能概念，即在强调能源效率提高的同时，也采取相应的政策措施进行需求管理[②]。从图1-8可以看出，能源资源经过能源部门开发，以能源产品的形式进入经济系统，其中一部分直接以能源产品的形式如电力、天然气等直接用于满足最终消费（包括居民消费和政府消费）需求；另一部分则通过进入非能源部门生产，通过间接能源消费形式满足包括最终消费、投资需求和出口需求三个层面的最终需求。对不同国家的节能而言，由于各国经济社会发展所处阶段不同，因而能源消耗产生的机理以及表现出的基本特征也不尽相同。这也就使得发达国家和发展中国家节能的具体内涵存在着显著的差异。

---

① 狭义的节能多用于分析设备或技术性能，即将节能理解为相关设备或技术能源效率的改进，如燃煤发电厂单位发电量煤耗的下降（或供电效率的提高）；机动车百公里油耗的下降（或称燃油经济性的提高）。对狭义节能概念还需要指出的是，在分析同一层面但具有不同类型特征的对象系统时，节能将因为制约其能源效率提高的关键因素不同表现出不同的具体内涵。能源效率的提升可能主要受到其单个元件性能的制约，又或是取决于系统集成程度或方式的影响，所以节能的内涵具体表现为对单个元件性能的改进（技术节能），或是对系统集成的优化（工程节能）。

② 我国全国人民代表大会于2007年修订的《中华人民共和国节约能源法》中明确指出：节能是指加强用能管理，采取技术上可行、经济上合理以及环境和社会可以承受的措施，从能源生产到消费的各个环节，降低消耗、减少损失和污染物排放、制止浪费，有效、合理地利用能源。

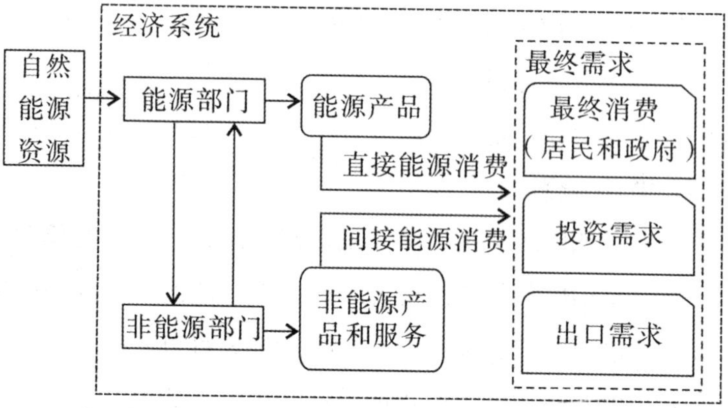

图 1－8　能源与经济系统关系框架图

结合上述现实和理论背景，通过节能解决我国经济进一步发展过程中的能源环境约束问题已经成为我国经济发展实践的必然选择。而对我国节能问题的分析，一方面需要结合当前经济社会发展的现实环境特征，深入剖析我国能源消耗的本质，进行系统的需求侧管理，另一方面，需要从能源效率层面进一步深入理清产业结构、能源结构与能源效率之间的关系，从而进行系统的节能目标管理。此外，立足于以上分析和时代背景尝试性地对能源革命的影响效应进行模拟分析也是很有实践指导价值的。

因此，本书分为三编，首先基于经济大环境，从经济系统出发研究最终总需求、消费、投资、进出口对能源消费的影响效应及机理，也考虑到了产业间的能源消费关系；其次对产业结构、能源结构对能源效率的影响机理及效应进行了详细深入的建模分析；最后立足于以上两部分的分析经验以及我国能源消费转型革命的大背景下对我国能源系统革命的影响进行模拟估计。以上研究将对我国节能减排目标的实现具有一定的实践指导意义。

第一编

回顾能源、经济与环境研究的基础理论可知，目前仅对能源消费与经济增长之间的数量关系进行简单分析是远远不够的。能源产业作为经济系统的一部分，一方面受经济增长的影响，另一方面也增加了对能源的需求，进而推动能源产业的增长，反之亦然。能源系统和经济系统之间存在复杂的动态关联关系。因此，本编在之前的数量分析的基础上，选择能源系统和经济系统作为研究对象，通过建立能源投入产出经济模型，从能源投入和经济增长关联关系角度系统地去研究经济增长和能源消费之间的动态复杂关系。

本编的具体研究内容如下：

第 2 章主要通过对经济增长与能源消费之间的关联关系的分析揭示最终需求在中国经济增长不同阶段对能源消费的综合影响效应，并系统揭示不同因素对能源消费的作用机理。

第 3 章在第 2 章的宏观研究框架下进一步研究居民完全能源消费，对居民的直接和间接能源消费进行系统的分析，并进而在考虑能源效率的情境下分析不同能源价格政策对居民消费支出的影响。

第 4 章在第 2 章的宏观研究框架下进一步基于能源投入产出序列表，定量测算出口贸易对我国能源消费的影响，并从影响因素的角度分析减少我国出口贸易蕴含能源的途径。

与第 3、4 章类似，第 5 章从整体上进一步定量评估国内投资对能源消费的影响效应，并进一步分析国内投资产生的能源消耗在相关行业中的分布。

在 2—5 章对能源经济系统中蕴含能源消费量的全面测度与分析的基础上，第 6 章尝试从部门维度进一步分析产业间的能源消费关系，以完善对宏观能源消费系统的分析。

第2章

最终需求变动对能源消费的影响研究

今后中国经济的高速增长不仅面临着自身能源资源稀缺的限制，也需要应对全球二氧化碳减排的挑战。经济增长和能源消费之间存在着复杂的动态关联关系，在经济发展的不同阶段，最终需求的变动将对能源消费产生不同的影响效应。最终需求，包括居民政府消费、出口和投资，不仅受市场供需调节，还在很大程度上受宏观经济政策的影响。分析经济增长与能源消费之间的关联关系，揭示最终需求在中国经济增长不同阶段对能源消费的综合影响效应，以及研究不同因素对能源消费的作用机理，是科学制定宏观节能政策的基础，具有重要的实践借鉴意义。

由诺贝尔经济学奖获得者列昂惕夫创建的投入产出模型，可以研究社会再生产全过程各领域（生产、分配、交换、消费）之间，国民经济各部门、各地区之间及其与国际间的经济技术完全关联关系。将投入产出分析扩展到能源领域，更可以分析经济增长和能源消费之间存在的数量关系，以及辨析在经济发展不同阶段能源消费量的影响因素和研究这些因素对能源消费量的作用机理。本章从分析中国经济增长与能源消费演变特征出发，通过对比混合型能源投入产出表和实物价值型能源投入产出表的特点，根据中国统计数据的特点和本书研究需求，编制了中国实物价值型能源投入产出表并构建了最终需求对能源消费的影响效应分析框架，探讨了我国经济发展不同阶段最终需求变动对能源消费的影响。

2.1 国内外文献综述

国民经济生产活动中均伴随着能源消耗，而生产的目的是为了满足区域内部（本国或本地区居民、政府）和外部（出口）一定时期内或未来（投资）的消费需求。已有研究中，集中于探讨居民消费和出口贸易对能源消费的影响，但鲜见从需求的角度分析最终需求对能源消耗的作用机理及衡量投资中的蕴含能源。

（1）居民能源消费分析

居民的能源消费可以分为直接生活能源消费和通过消费非能源产品和服务的间接能源消费。根据范德彭（Van Diepen，2000）的研究，居民直接能源消费可以分为住宅能源消费（House Energy Consumption）和交通能源消费（Transportation Energy Consumption），前者主要包括烹饪、照明、取暖和各种家用电器的使用，后者主要包括上下班、采购、外出休闲娱乐及度假等行为发生的交通能源消费。对于居民直接能源消费行为，许多学者从社会心理学、行为经济学等理论出发，解释各种居民直接能源消费行为和分析产生这些不同直接能源消费的影响因素。斯坦（Stern）将居民直接能源消费行为视为一种环境行为，通过构建价值—信念—规范理论（Value - Belief - Norm Theory，VBN）模型，使用环境价值观、信念和规范三个因素及其之间的交互作用来解释居民直接能源消费行为的形成。除这些心理因素外，许多研究表明经济因素、法律法规约束和社会规范等外界因素对居民直接能源消费行为的影响显著，环境知识等信息也是影响和改变居民直接能源消费行为的重要变量。郭琪分析了居民自身偏好因素、行为工具因素与政府政策引导等因素对居民直接能源消费的影响，并通过构建能源消费选择函数提出居民自身因素与行为工具因素会通过影响居民的偏好来决定居民直接能源消费的无差异曲线，而政府可以通过能源政策改变节能与不节能行为的相对价格或居民的经济能力进而改变居民消费预算线，从而引导居民消费最优点向节能行为转移。

从居民的间接能源消费分析，现有研究主要基于投入产出分析方法和生命周期方面，或者两者的结合。生命周期分析由于需要详细测算每种产品生产过程中的直接和间接能源消费量，工作量大，对数据的要求极高，因此目前应用十分有限。能源投入产出模型可以直接测算分析国内最终消费所导致的能源消耗影响效应。伦森（Lenzen，1998）测算了澳大利亚给定最终消费中的直接和间接能源消费量，以及相应的温室气体排放量。帕查利和斯普仁（Pachauri and Spreng，2002）分析了印度居民 1983 年至 1984 年、1989 年至 1990 年和 1993 年至 1994 年的直接和间接能源需求。伦森和德尔（Lenzen and Dey，2002）测算了不同消费模式的经济和环境影响。伦森等（Lenzen et al.，2004）分析了悉尼市居民能源消费趋势，科赫等（Cohen et al.，2005）测算了巴西居民通过购买非能源产品和服务所带来的间接能源消费。拉本德瑞和拉比噶（Labandeira and Labeaga，2009）基于投入产出技术测算了西班牙居民的完全能源消费量和温室气体排放量，并在不同碳税情景下探讨了西班牙经济所受的影响。刘洪涛等（2009）通过编制中国可比价序列能源投入产出表，测算了农村居民和城镇居民的间接能源消费量。

（2）出口对能源消耗的影响效应分析

在分析出口贸易对能源消耗的影响研究中，主要的方法包括可计算一般均衡模型（Computerable General Equilibrium Model，CGE Model）、计量经济分析和投入产出分析。由于起源于一般均衡思想的 CGE 模型可以全面分析政策变量或外部环境变化所产生的综合影响效应，基于 CGE 模型的出口贸易对能源消耗影响分析多为情景模拟分析。瑟博贾（Semboja，1994）使用 CGE 模型定量分析了能源税收政策对肯尼亚经济的影响，研究结果表明能源价格的迅速变化会对肯尼亚进出口贸易造成显著影响。Fæhn 和 Holmøy（2003）基于 CGE 模型，通过对比具有贸易自由化和限制贸易自由化两种情景，研究贸易自由化对挪威的经济增长和与能源消费相关的污染排放影响，结果表明贸易自由化将促进污染密集型行业的快速发展，清洁能源的相对价格将增长，而污染型能源的消费将增加。

基于计量经济的出口贸易与能源消费之间的关联性研究中，哈利茨葛（Halicioglu，2009）使用土耳其1960年至2005年的时间序列数据采用协整分析的方法研究二氧化碳排放、能源消费、国际贸易和收入之间的动态因果关系，结果表明国际贸易在短期内对二氧化碳排放起着决定性作用，在长期内还影响着收入水平。利和斯密斯（Lean and Smyth，2010）对马来西亚发电量、出口、价格和GDP之间的关系采用多变量葛兰杰因果关系检验进行了研究，仅发现经济增长对发电量正向影响。吴国兵（2008）采用协整分析的方法研究中国1978年至2005年能源消费和出口贸易之间的相关关系，发现能源消费对出口贸易有重要影响。董斌昌和杜希垚（2006）同样分析了中国的出口贸易和能源消费之间的相关关系，通过建立自回归分布滞后模型，基于中国1978年至2004年的数据进行实证分析的结果表明，能源消费对于我国出口贸易有着重要影响。在区域研究层面，朱启荣（2007）采用协整与格兰杰（Granger）因果关系检验分析了山东省的能源消费与出口贸易之间的关系，发现两者之间存在较强相关性。

由于CGE模型多应用于情景模拟分析，而计量经济分析则往往仅对能源消费总量和出口贸易总量之间的关联关系进行分析，缺乏对产业进行细分，因此有关出口贸易对能源消费的影响效应的研究更多的是基于投入产出分析方法。Mongelli，Tassielli和Notarnicola（2004）以意大利为例，通过计算意大利每个部门的直接与间接能源消耗量以及与之伴随的二氧化碳排放量，研究了全球气候变化协议对其贸易模式的影响。阿克曼等（Ackerman，2007）分析了美国和日本贸易中的二氧化碳蕴含量。刘洪涛等（2010）基于投入产出分析，测算了我国出口贸易的蕴含能源量及分析了其变动的主要影响因素。投入产出分析在这一领域的研究取得了丰富的成果，更多的研究将在能源/环境投入产出分析模型中进行综述。

现有最终需求对能源消耗的研究多关注国内消费和国际贸易的影响，较少对投资中的蕴含能源进行分析，因此尚未有系统地建立最终需求对能源消耗作用机理的综合分析框架。此外，对居民能源消费行为的研究更多的是从微观角度出发，缺乏宏观政策启示。对有关国际贸易和能源消费之间的关联关系的研究则表明 CGE 模型更适用于政策情景的模拟分析却难以定量评估国际贸易对能源消费的影响效应，而计量经济模型则难以在产业层面进行应用，投入产出分析在这一研究领域应用广泛。

从需求的角度分析，我国消费、出口和投资均直接影响着乃至决定着我国的能源消费量。而且我国最终需求总量及其结构自改革开放以来发生着明显的变化，根据最终需求对能源消耗的作用机理进行效应研究的深入开展可以为我国可持续能源的发展与经济可持续发展战略的制定和执行提供依据。综合考虑能源消费和经济增长之间关联关系研究与我国特殊的产业结构和经济增长方式的相关性，本章的研究重点为对我国最终需求对能源消费的影响的定量研究分析。

2.2 中国经济增长与能源消费的演变特征分析

能源是现代经济发展的基础，能源资源开发利用的产业链更是延伸到国民经济的每个部门和产业。中国经济的高速发展、人口增长、城市化和人均生活水平的提高均对能源消费提出了日益增长的需求。改革开放以来，我国的经济总量和能源消费都出现了较大幅度的增长。

2.2.1 经济增长与需求结构演变分析

以 1980 年人民币不变价格计算的我国实际 GDP 为 4568 亿元，改革开放后中国经济增长迅猛，2009 年不变价 GDP 达到 70320 亿元，增幅超过 15 倍。这期间中国经济总量占世界经济总量的比重也由 1978 年的 1.8% 增长为 2009 年的 8.5%。经济总量快速增长的同时，我国经济体系中产业结构也发生了明显的变化（图 2－1）。

在1980年改革开放之初，第一产业在我国GDP总量中占有约1/3的比重。随着改革开放的深入，工业化和城市化进程的加快，我国GDP总量中第一产业的比重不断下降。到2009年，第一产业在我国GDP总量中仅占10.3%的比重。在这一期间，第二产业占GDP总量的比重一直占主体地位，但有所波动。1980年，第二产业占GDP总量的比例为48.2%，1990年为41.3%，到2005年又增长为47.4%。第三产业发展迅速，占我国GDP总量的比重不断上升，1980年第三产业占我国GDP总量的比例为21.6%，到1990年增长至31.6%，至2009年已经增长为43.4%。

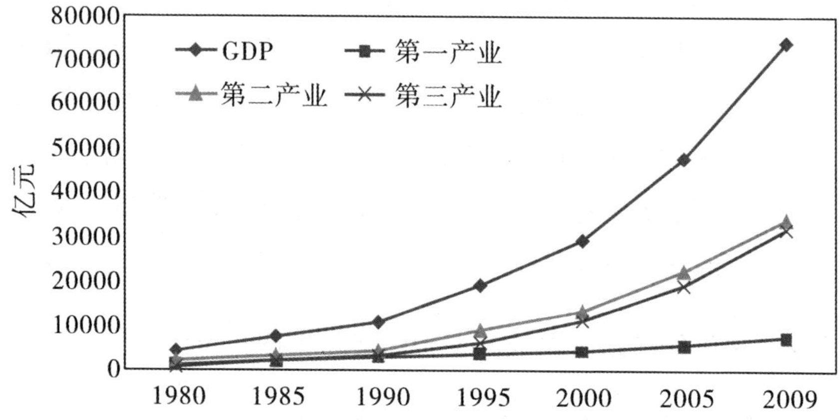

图2-1 中国1980年至2009年GDP及其结构（1980年不变价）

数据来源：《中国统计年鉴2010》。

从三次产业贡献率（各产业增加值增量与GDP增量之比）来看，第二产业增加值增量是GDP增量中的主要部分，但有所下降，1991年为62.8%，到2009年下降为52.5%；第三产业产业贡献率则有显著增长，从1991年的30.1%增长为2009年的42.9%；第一产业产业贡献率则在5%左右波动，1991年为7.1%，2009年为4.5%。

从最终消费、资本形成和净出口对国民生产总值的贡献（图2-2）来看，贸易顺差和投资规模的增大是我国经济增长的主要驱动力，而最终消费（包括居民消费和政府消费）在我国经济增长中的驱动作用则有所下降。1981 年最终消费对国民生产总值的贡献高达 67%，而这一比例到 2009 年则仅为 48%；资本形成和净出口对国民生产总值的贡献则分别从 1981 年的 33% 和 0.4% 增长为 2009 年的 48% 和 4%。考虑到任何经济活动均伴随着能源消耗，我国出口贸易和投资的增长不仅促进了基础设施需求的增加，还拉动着钢铁、水泥等高能耗行业的增长，进而影响我国的整体能源消费。

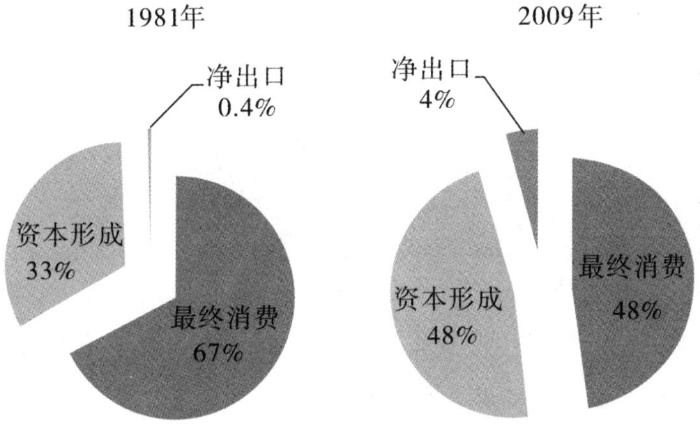

图 2-2　中国支出法 GDP 结构（1981 年与 2009 年）

数据来源：《中国统计年鉴 2010》。

2.2.2　能源消费总量增长特征分析

经济的快速增长伴随着能源消费量的增长。我国能源消费总量由 1980 年的 6 亿吨标准煤增长为 2009 年的 31 亿吨标准煤，增长约 5 倍（图 2-3）。这一期间，我国的人均能源消费量也在不断增长。1980 年，我国人均能源消费量为 0.61 吨标准煤；1990 年人均能源消费量增长为 0.86 吨标准煤；到 2000 年我国人均能源消费量为 1.1 吨标准煤；而近十年我国人均能源消费量更是迅速增长，达 2.3 吨标准煤。

从图 2-3 可以看出，受制于我国能源资源禀赋结构，我国一次能源消费结构中，煤炭占有绝对地位。2009 年我国煤炭消费占能源消费总量的

70%，达21亿吨标准煤。和世界能源消费结构相比，我国煤炭消费所占比重过高，而煤炭的开发和利用过程中带来的环境污染和生态破坏严重，外部性成本高。这将对我国经济和能源的可持续发展带来不利影响。

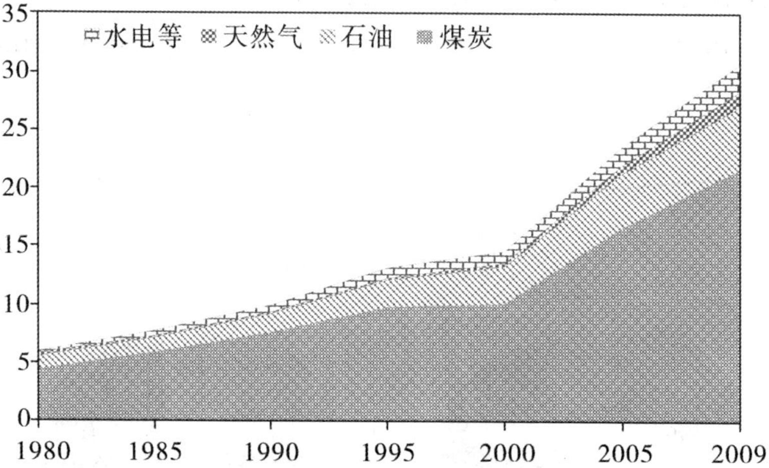

图2-3　中国1980年至2009年能源消费量（亿吨标准煤）

注：水电等指水电、核电以及它风电。

数据来源：《中国能源统计年鉴2009》。

图2-3中显示，2000年以后由于加速的城市化、对外贸易和工业规模的迅速扩张，我国能源消费突然增速。为准确描述经济增长速度和能源消费增长速度之间的关系，国际上通常采用能源消费弹性系数的方法。能源消费弹性系数被定义为能源消费年增长率和GDP年增长率之间的比例，计算公式如公式2-1所示。

$$\beta_i = \frac{\Delta E/E_{i-1}}{\Delta \mathrm{GDP}/\mathrm{GDP}_{i-1}} \qquad (2-1)$$

式中：

β_i——第i年的能源消费弹性系数；

E_{i-1}——第$i-1$年的能源消费量；

ΔE——第i年的能源消费增量；

GDP_{i-1}—— 第 $i-1$ 年的 GDP；

ΔGDP—— 第 i 年 的 GDP 增量。

从表2－1可以看出，能源消费弹性系数在不同国家不同历史时期会呈现不同的特点。工业化过程中往往经济增长速度小于能源消费增长速度，而经济结构稳定之后由于科技进步等因素，能耗将下降，从而使经济增长速度大于能源消费增长速度。对于发达国家如美国而言，能源消费弹性系数主要由经济增长速度决定。2008年的世界金融危机，使其能源消费弹性系数剧烈波动，也使世界能源消费弹性系数超过1。这是因为从世界范围内而言，能源消费是为了满足人类的直接和间接用能需求，短期内受经济增长速度波动的影响较小。

表2－1 中国和世界其他各国能源消费弹性系数

	中国	世界	印度	日本	加拿大	美国	巴西	澳大利亚
2000	0.42	0.54	0.94	0.57	0.75	0.34	－3.01	0.20
2001	0.40	0.32	0.10	－1.55	－0.54	－3.03	0.40	1.18
2002	0.66	0.58	0.84	1.93	0.45	2.50	－0.20	0.68
2003	1.53	0.83	0.35	0.06	1.05	0.16	0.14	－0.22
2004	1.60	0.85	1.10	0.80	0.25	0.45	0.42	0.98
2005	0.93	0.62	0.55	0.27	1.03	0.01	0.78	0.30
2006	0.76	0.48	0.45	0.07	－0.32	－0.31	0.88	1.74
2007	0.59	0.51	0.55	－0.06	0.14	0.11	0.46	0.01
2008	0.41	0.56	1.07	1.19	5.06	－5.85	0.70	－0.99
2009	0.57	2.25	1.04	1.86	2.02	2.26	4.98	－0.18

数据来源：世界银行。

我国改革开放以来一直推行节能优先的能源发展战略，除 2003 年和 2004 年以外，能源消费弹性系数一直小于 1。这说明我国以小于经济增长增速的能源消费支持了国民经济的增长。但 2003 年和 2004 年我国能源消费弹性系数突增至 1.53 和 1.60，这表明我国这两年内高能耗产业如钢铁、水泥、电解铝等受国内外需求拉动迅速扩张，甚至一些已经被淘汰的落后技术设备由于产能不足又重新用于生产，从而造成能源消费增速远大于经济增速（表 2 -2）。

表 2 -2　主要高耗能产品的净出口量

	2000	2001	2002	2003	2004	2005	2006	2007
水泥（万吨）	605	621	518	533	704	2216	3613	3301
钢铁（万吨）	-147153	-130535	-118466	-67326	-1507	-530	2450	4578
铜（吨）	144402	123694	171577	232722	389884	463418	559025	499505
铝（吨）	129960	135577	188685	273785	430884	711420	1240106	1853385

数据来源：《中国能源统计年鉴 2009》。

2.2.3　能源生产结构与能源安全

尽管我国经济总量已占世界经济总量的 8.5%，但我国能源资源禀赋相对贫乏。随着我国国民经济的快速发展和人口的增长，我国的能源开发利用量也日益增加，同时能源进口量也随之增长。目前，从能源生产总量来看，我国是世界第二大能源生产国。我国 2009 年一次能源生长总量达 27.5 亿吨标准煤，是 1980 年一次能源生产的 4 倍。2009 年我国煤炭生产位居世界第一，原油生产居世界第四位。

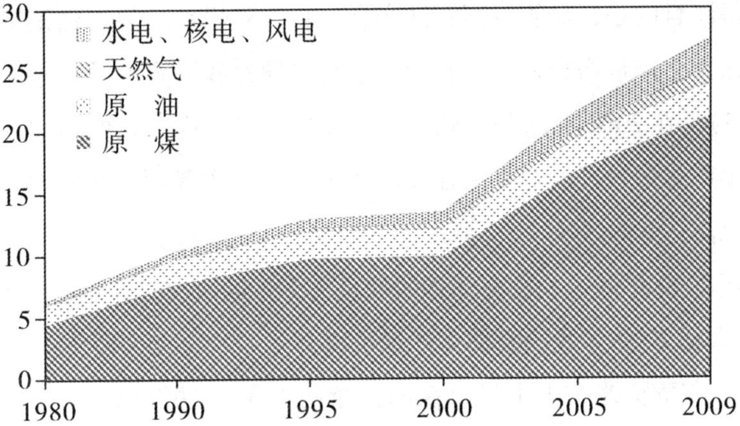

图 2－4　中国 1980 年至 2009 年能源生产量（亿吨标准煤）

数据来源：《中国能源统计年鉴 2009》。

我国煤炭生产和消费均随着经济增长而增长。总体而言，在 1992 年之前我国能源生产增长速度大于能源消费增长速度，各品种能源自给率高，从直接能源进出口角度分析为能源净输出国。1992 年之后，我国能源生产速度小于能源消费增长速度，成为直接能源净输入国，而且能源供需缺口不断增大，供不应求的局面越来越严重（图 2－5）。从能源进出口品种分析，我国煤炭和天然气的生产消费量基本平衡，不存在严重供需缺口。

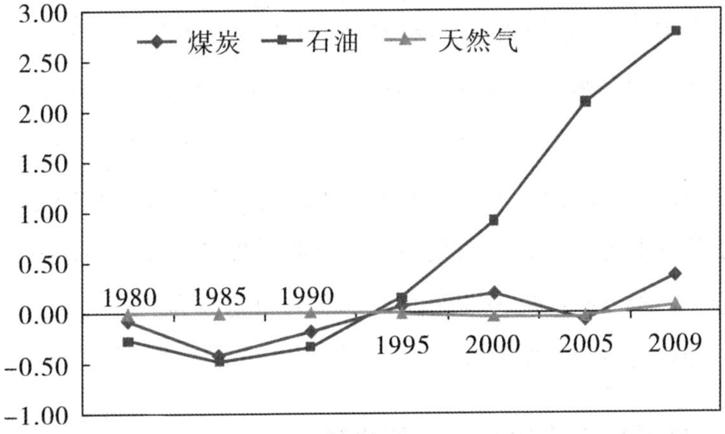

图 2－5　中国 1980 年至 2009 年能源净进口量（亿吨标准煤）

数据来源：《中国能源统计年鉴 2009》。

值得注意的是，尽管我国石油产量一直平稳增长，但石油消费量的增长速度远大于产量增长速度。石油供需缺口导致我国石油进口量不断增长（图2-5），在2009年已经达到2.8亿吨标准煤。这一数值超过了我国当年原油生产总量，石油对外依存度高达51.7%，占我国一次能源消费总量的比重也高达9%。

截至2009年底，我国石油探明储量为148亿桶，占世界总探明储量的1.1%，根据2009年我国石油生产量可以开采11年；我国天然气探明储量为2.46万亿立方米，占世界总探明储量的1.3%，据2009年我国天然气生产量可以开采29年；我国煤炭探明储量为1145亿吨，占世界总探明储量的13.9%，据2009年我国煤炭生产量可以开采38年。从能源安全（Energy Security）的角度分析，我国需要质量清洁、数量稳定、价格合理的能源供给。尽管我国煤炭资源相对丰富，储量较大，能源满足我国经济发展的基本需求可以得到保障，也不存在根本性的能源供应不足问题，但我国能源资源基础依然薄弱，甚至存在严重短缺的情况，而且我国经济发展方式中的"高能源消耗和资源消耗"的特征仍十分明显。我国一些主要的工业生产中单位产品的能源消耗水平尽管改革开放以来已经有了明显的进步，但和世界其他国家相比还处于相当高的水平。此外，我国能源资源的深度开采和综合利用不够，存在着严重的破坏性开采和资源浪费问题。

从经济总量上衡量，我国已经是世界经济体系中一个重要的经济体，但我国依然是一个发展中国家，在下一个经济增长阶段中的资源需求量将持续快速增长。我国快速增长的能源需求，尤其是液体燃料需求和能源开发使用效率较低等原因，导致我国部分能源对外依存度上升较快，环境保护压力增大，使得我国能源使用安全方面的问题较为严重。今后我国能源资源供给的状况将会更加紧张。

2.3 能源投入产出分析框架构建

基于上述对已有研究及我国经济能源现状的梳理，本章首先运用可以考虑宏观经济的内部运行机理的能源投入产出分析框架对中国的能源消费系统进行宏观系统的研究。

2.3.1　投入产出表

投入产出表（Input - Output Table）是根据投入产出理论，将各部门之间的投入产出平衡关系表现在一张棋盘式的表格中。常见的投入产出表基本表式如表 2 - 3 所示。

表 2 - 3　投入产出表基本表式

产出 / 投入		中间需求				最终需求			总产出
		部门 1	部门 2	……	部门 n	最终消费	出口	投资	
中间投入	部门 1	x_{11}	x_{12}	……	x_{1n}	H_1	EX_1	I_1	X_1
	部门 2	x_{21}	x_{22}	……	x_{2n}	H_2	EX_2	I_2	X_2
	……	……	……	……	……	……	……	……	……
	部门 n	x_{n1}	x_{n2}	……	x_{nn}	H_n	EX_n	I_n	X_n
增加值		V_1	V_2	……	V_n				
总投入		X_1	X_2	……	X_n				

投入产出表可以采用实物量单位或者价值量货币单位编制。基于投入产出表的数据，可以根据部门之间的平衡关系建立投入产出数学模型（公式 2 - 2 和 2 - 3），综合地分析和测算国民经济各部门产品的生产和消耗之间的数量关系。价值型投入产出模型可以使用投入方程组和产出方程组表示。但实物量投入产出表只能用产出方程组表示，而无法用投入方程组表示。因为实物量投入产出表中列向投入品的计量单位并不一致，如劳动按小时计算，资本则按元计算，因而所已列向无法进行加总。

投入方程组：

$$\sum_{i=1}^{n} z_{ij} + V_j = X_j \tag{2-2}$$

产出方程组：

$$\sum_{j=1}^{n} x_{ij} + Y_i = X_i \tag{2-3}$$

式中：

z_{ij}——生产的 i 产品中作为 j 产品的中间投入部分；

V_j——j 部门的产业增加值，包括固定资产折旧，劳动报酬部分，劳动者创造的社会纯收入，如利润、税金等；

X_j——第 j 部门的总产出；

X_i——第 i 部门的总投入；

Y_i——第 i 部门的最终需求。

我国于1960年开始研究投入产出理论和编制投入产出表，1974—1976年中科院数学与系统科学研究院陈锡康教授发起编制了中国第一个国民经济投入产出表（1973年61类主要产品投入产出表），截止到2010年，中国国家统计局等单位共编制了11个年度的全国投入产出表。但由于能源部门分类不统一，各表在纵向上很难具有可比性。其中在全国大规模投入产出调查基础上编制的投入产出表共有5个，分别是1987表、1992表、1997表、2002表和2007表。

2.3.2 能源投入产出分析

考虑到能源在经济发展中的基础性地位，分析经济总量增长和经济结构变迁过程中的能源消费变动需要综合考虑国民经济中各个部门在产品生产和消耗过程中的直接和间接能源消耗。一般的投入产出表多采用价值单位，采用实物单位的投入产出表较少。尽管实物型能源投入产出表可以很好地反映真实的能源实物直接和间接消耗，实物型投入产出分析的理论也很完备，如陈锡康在实物型投入产出表的基础上分析了能源投入产出表的基本表式、直接能源消耗系数、完全能源消耗系数、进出口贸易完全能源消耗计算方法等，但在国民经济分析工作中，编制实物型投入产出表的工作浩繁复杂，我国也仅在1987年和1992年试编了实物型投入产出表。由于数据资料的限制，难以应用实物型能源投入产出表进行分析。

混合型能源投入产出表和实物价值型能源投入产出表是应用广泛的两种能源投入产出分析方法。马查都等（Machado，2001）编制了巴西混合型能源投入产出表，李艳梅和张雷基于实物价值型能源投入产出表，使用投入产出结构分解分析方法对能源消费增长的因素进行了分解。

但现有研究中，混合型能源投入产出表的理论依据尚需要进一步分析。实物价值型能源投入产出表的编制和基本系数计算方法尚无统一结论。因此本小结在对比分析混合型能源投入产出分析和实物价值型能源投入产出分析的基础上，提出实物价值型能源投入产出表的构建和编制方法，以及实物价值型能源投入产出表有关系数的计算方法。

（1）混合型能源投入产出分析

混合型能源投入产出分析最早可以追溯至布莱德和赫仁迪（Bullard and Herendeen，1975）的研究。帕克（Park，1982）和卡斯罗（Casler，1984）随后发展了这一分析方法。米勒和布莱尔（Miller and Blair，2009）在其投入产出的经典著作中也对这一分析方法进行了很好的综述。在能源实物价值量混合型投入产出分析方法中，能源部门的产出，包括中间投入和最终消费，均只采用实物量表示。其他非能源部门的产出则仅采用货币价值量表示，如表2-4所示。

表2-4中为Z_{ij}第j部门生产对i部门产品的中间需求，亦是第i部门产出中对第j部门的中间投入，采用价值量表示。和传统投入产出分析一致，能源部门的产出g可以采用同样形式的方程表示，仅是使用不同的单位，如公式2-4中所示。

表 2－4　混合型能源投入产出表基本表式

<table>
<tr><td colspan="2" rowspan="2">产出
投入</td><td colspan="4">中间需求</td><td rowspan="2">最终需求</td><td rowspan="2">总产出</td></tr>
<tr><td colspan="2">能源部门</td><td colspan="2">非能源部门 n</td></tr>
<tr><td rowspan="2">中间投入</td><td>能源部门</td><td colspan="2">E_{kq}</td><td colspan="2">E_{kj}</td><td>q</td><td>g</td></tr>
<tr><td>非能源部门</td><td colspan="2">Z_{iq}</td><td colspan="2">Z_{ij}</td><td>Y</td><td>X_j</td></tr>
<tr><td colspan="2">增加值</td><td>V_1</td><td>V_2</td><td>……</td><td>V_n</td><td colspan="2" rowspan="2"></td></tr>
<tr><td colspan="2">总投入</td><td>X_1</td><td>X_2</td><td>……</td><td>X_n</td></tr>
</table>

$$E_i + q = g \qquad (2-4)$$

式中：

E_i——实物量表示的能源部门对其他部门的中间投入矩阵；

q——实物量表示的能源部门的最终需求矩阵；

g——实物量表示的各能源部门的总产量。

混合型能源投入产出表的直接消耗系数矩阵为：

$$\hat{A} = \begin{pmatrix} \hat{A}_{kq} & \hat{A}_{kj} \\ \hat{A}_{iq} & \hat{A}_{ij} \end{pmatrix} \qquad (2-5)$$

$\hat{A}$ 为分块矩阵，其中 $\hat{A}_{kq}$ 为实物/实物形式，$\hat{A}_{kj}$ 为实物/价值形式，$\hat{A}_{iq}$ 为价值/实物形式，$\hat{A}_{ij}$ 为价值/价值形式。混合型能源投入产出表中公式 2－4 满足能源守恒条件（Energy Conservation Condition），即满足任何部门产品的完全一次能源强度等于该产品所有的间接能源强度与生产单位该产品过程中的能源消费及损耗之和。这一能源平衡条件对任一经济部门 $j(j = 1, 2, \cdots, n)$，可以被描述为该部门总产出 x_j 中的蕴含能源量等于该部门所有中间投入 $z_{ij}(i = 1, 2, \cdots, n)$ 中的蕴含能源量，再加上所有的一次能源最终需

求 g_{kj}（对于 $k = j$ 的能源部门为非零）。这一关系可以进一步表示为：

$$\alpha\hat{x} = \alpha Z + G \tag{2-6}$$

由于 $Z = A\hat{x}$，公式2－5可以写为：

$$\alpha = G\hat{X}^{-1}(I - \hat{A})^{-1} \tag{2-7}$$

式中：

α——完全能源消耗矩阵。

需要注意的是完全能源消耗矩阵中的系数 α_{ij}，由于混合型能源投入产出表的直接消耗系数矩阵 $\hat{A}$ 既有实物量又有价值量，完全能源消耗矩阵不具有普通投入产出分享中消耗系数无量纲的性质。

为证明混合型能源投入产出分析在计算总产出、直接能用消耗、间接能用消耗不受实物量、价值量的单位不同而发生数值变化，即证明 $\hat{A}$ 在计算过程中的稳健性（Robust），笔者假设单位变化矩阵为 $U = diag\{u_1, u_2, \cdots u_n\}$，使 $\hat{A}$ 与单位变化矩阵相乘使第 i 部门的数值成为变换后的 u_i 倍，变换后的直接消耗系数矩阵为 $U\hat{A}U^{-1}$；同样对完全消耗系数矩阵 $(I - \hat{A})^{-1}$ 进行单位变化，可以得到 $U(I - \hat{A})^{-1}U^{-1}$，因而可以得到直接能耗系数矩阵，完全能源消耗系数矩阵随单位变化而发生相应的变化。

同理，对最终需求矩阵的单位变化为 UY，根据单位变化后的最终需求矩阵计算总产出矩阵为：$X = U(I - \hat{A})^{-1}U^{-1} \cdot UY = U(I - \hat{A})^{-1}Y$。可知总产出也只是单位的变化。

（2）实物价值型能源投入产出分析

实物价值型能源投入产出分析近年来在国内外应用范围十分广泛。实物价值型能源投入产出表的基本表式如表2－5所示。在实物价值型能源投入产出表中，能源部门的产出同时采用实物量和价值量表示，投入只采用价值量表示；非能源部门的投入和产出均只采用价值量表示。

如表2－5所示，能源部门行方向不仅有价值流 Z_{kq}、Z_{kj} 和 Y_k，还有实

物流 E_{kq}、E_{kj}和 q，这说明在这样描述的国民经济体系中各部门与各能源产品的使用、消耗和能源部门一一对应。有学者指出，这一形式增加了编制能源投入产出表的难度，但这一观点并不完全正确。对于中国近年来的投入产出表编制实践而言，国家统计局均只在大规模调研的基础上编制了相应的价值型投入产出表，能源部门产品对非能源部门的中间投入缺乏实物型数据。因此，对于中国能源投入产出分析应用而言，实物价值型能源投入产出表的编制并没有增加编制难度。

从投入产出的基本系数分析,实物价值型能源投入产出表的直接消耗系数矩阵和传统价值型投入产出表的直接消耗系数矩阵一致,为 A 矩阵。列昂惕夫逆矩阵为 $B = (I - A)^{-1}$。因此,实物价值型能源投入产出在投入产出基本系数分析层面,不存在混合型能源投入产出表中系数有量纲的问题。

表 2 - 5　实物价值型能源投入产出表基本表式

<table>
<tr><th colspan="2" rowspan="2">产出
投入</th><th colspan="2">中间需求</th><th colspan="3">最终需求</th><th rowspan="2">总产出</th></tr>
<tr><th>能源部门</th><th>非能源部门</th><th>最终消费</th><th>出口</th><th>投资</th></tr>
<tr><td rowspan="3">中间投入</td><td rowspan="2">能源部门</td><td>Z_{kq}</td><td>E_{kj}</td><td colspan="3">Y_k</td><td>X_k</td></tr>
<tr><td>E_{kq}</td><td>E_{kj}</td><td colspan="3">q</td><td>G</td></tr>
<tr><td>非能源部门</td><td>Z_{qi}</td><td>Z_{ij}</td><td colspan="3">Y_j</td><td>X_i</td></tr>
<tr><td colspan="2">增加值</td><td>V_k</td><td>V_j</td><td colspan="4" rowspan="2"></td></tr>
<tr><td colspan="2">总投入</td><td>X_k</td><td>X_j</td></tr>
</table>

实物价值型能源投入产出表中直接能源消耗系数的计算公式为 $e_{ij} = E_{ij}/X_j$，表示第 j 部门单位产出对第 i 种能源的直接消耗量。完全能源消耗系数等于单位产品的直接能源消耗量与间接能源消耗量之和。间接能源消耗是指蕴含于非能源产品（中间投入）中的能源，即通过消耗非能源产品所间接消耗的能源。完全能源消耗系数的计算公式为：

$$t_{ij} = e_{ij} + \sum_{m=1}^{n} e_{im} a_{mj} + \sum_{l=1}^{n} \sum_{m=1}^{n} e_{il} a_{lm} a_{mj} + \sum_{s=1}^{n} \sum_{l=1}^{n} \sum_{m=1}^{n} e_{sl} a_{sl} a_{lm} a_{mj} + \cdots \tag{2-8}$$

完全能源消耗系数 t_{ij} 表示第 j 部门生产单位产出对第 i 种能源的完全消耗。完全能源消耗矩阵表示为：

$$T = G(I + A + A^2 + A^3 + \cdots) = G(I - A)^{-1} \tag{2-9}$$

米勒和布莱尔（Miller and Blair，2009）提出混合型能源投入产出表完全能源消耗系数符合能量守恒条件，在实物价值型能源投入产出表中同样可以满足这一条件（王会娟、陈锡康等，2010）。而且，混合型能源投入产出表中需要假设一次能源部门只对二次能源部门投入，不能分配到其他部门，包括最终需求部分。这一假设和实际经济系统有较大偏离，并非一般性结论。混合型能源投入产出表和实物价值型能源投入产出表的根本区别为价格因素，理论上混合型能源投入产出表在编制过程中应剔除价格因素。而根据我国统计数据特点，混合型能源投入产出表亦缺乏统计数据进行编制。

进行能源投入产出分析时，已有研究多从米勒和布莱尔（Miller and Blair，2009）认定的混合型能源投入产出表具有的能量守恒条件优势出发，基于混合型能源投入产出表进行分析。迪申巴赫（Dietzenbacher，2006）的研究表明混合型能源投入产出表在进行投入产出结构分解分析时存在严重缺陷，数据单位对分析结果影响显著，而关键因素经济结构的变动对分析结果则影响较小。因为在混合型能源投入产出表中，最终需求的变化无法分解为最终需求结构变化和最终需求总量变动，已有研究中对此往往采用了错误的列和相加求比例的方法，这一方法中存在着实物量和价值量相加无意义的结果。

因此，本章根据系统性分析经济增长和能源消费之间交互关系的需求，选择实物价值型能源投入产出表作为笔者的数据基础。实物价值型能源投入产出表尽管存在能源在各部门间使用和消耗时的价格差别，但亦存在能源守恒关系，更为重要的是实物价值型能源投入产出表可以进行系数列向求和，可以进行本章所需完成的投入产出乘数效应、感应度、影响力分析。在投入产出结构分解分析中实物价值型能源投入产出表也可以对经济结构、最终消费结构、出口贸易结构、投资的产业分布结构等分析。为弥补实物价值型能源投入产出表在能源价格因素上的不足，本文根据我国统计数据的可得性，考虑到了能源价格在各部门，尤其是能源部门和非能源部门之间存在差异的情况，将价格因素的影响降到最小。

2.4　我国能源投入产出表的编制

已有研究中，实物量和价值量难以反映在同一张投入产出表内。为分析经济增长对能源消费的影响，尤其是需要考虑能源价格和能源效率在其间的作用，需要将能源部门同时采用实物量和价值量表示。而为体现能源部门在不同经济发展阶段受经济增长的不同影响，需要使编制的能源投入产出表在纵向上具有可比性。为反映能源部门在经济系统中的重要作用，本章根据中国投入产出表，编制了中国实物价值量能源投入产出时间序列表。

为分析不同产业对经济发展的作用和贡献，中国对农业、纺织、冶金、化工、机电等产业部门均编制了部门投入产出表，这一过程也积累了编制部门投入产出表的宝贵经验。在现阶段，能源部门在国民经济中更是有着特殊的地位，这也就决定了其特殊性需要在国民经济发展规划和政策分析中得以体现。本研究编制历年的实物—价值量能源投入产出表，正是根据能源部门在国民经济中的特殊地位，试图从定量分析的角度揭示和厘清各能源产业部门之间，以及能源部门与非能源部门之间的投入和产出关系，最终深入了解能源消耗产生的影响因素及能耗降低的实现途径。

本章依据中国能源产业的发展现状，从各产业部门之间的完全关联关系出发，根据能源产业可获得的统计数据，结合相关部门的统计资料，在我国国家统计局基于大规模调查编制的投入产出表的基础上，根据中国历年能源统计年鉴数据和五次经济普查数据，使用投入产出表编制技术，编制中国能源投入产出表。

2.4.1　能源实物价值量混合型投入产出表数据来源

笔者拟编制的能源投入产出表需要的数据来源主要有：

（1）中国历年投入产出表。为编制中国能源投入产出时间序列表，根据我国投入产出表部门划分的一致性，笔者采用国家统计局编制的 1992 年、1997 年、2002 年、2007 年投入产出表，然后以此为基础编制同年的能源投入产出表。

（2）历年中国统计年鉴。笔者在编制能源投入产出表的过程中也参考了由国家统计局编写的历年中国统计年鉴，尤其是其中的“国民经济核算”“能源生产和消费”“国际贸易”部分的数据。

（3）中国能源统计年鉴。能源投入产出表中的能源投入产出数据来自能源统计数据，其中包括标准量的能源平衡表、主要能源产品的实物进、出口量和金额、分行业工业终端能源消费量、各种能源产品折标准煤的参考系数等。

（4）固定资产投资统计年鉴。国家统计局编制的固定资产投资统计年鉴包含的各部门固定资产折旧率、新增固定资产、固定资产交付使用率等数据也是编制能源投入产出表的重要数据来源。

2.4.2　能源实物价值量混合型投入产出表表式设计

笔者拟编制的能源投入产出表首先将国民经济全部产业划分为能源部门和非能源部门（表 2－6）。能源部门的产出（行方向）采用价值量和实物量两种指标进行表示，投入（列方向）仅采用价值量表示。能源部门的投入和产出均只采用价值量表示。

表 2-6　中国能源投入产出表基本表式

投入 \ 产出						中间使用：能源部门		中间使用：非能源部门		中间使用：中间使用合计	最终使用：最终消费合计	最终使用：…	最终使用：最终使用合计	其他	总产出	代码
						01	…	…	29	TIU	TC	…	TFU	ERR	GO	
投入	中间投入	能源部门	煤炭采选业	01	万元											01
			煤炭	01′	万吨标准煤											01′
			⋮	⋮	⋮											⋮
			煤气生产和供应业	08	万元											09
			煤气	08′	万吨标准煤											09′
		非能源部门	农业	10	万元	第Ⅰ象限					第Ⅱ象限					10
			⋮	⋮	⋮											⋮
			钢铁	25	万元											
			废弃资源和废旧材料回收加工业	26	万元											
			⋮	⋮	⋮											⋮
			第三产业	52	万元											29
		中间投入合计		TII	万元											TII

（续表）

<table>
<tr><td colspan="5" rowspan="3">产出 / 投入</td><td colspan="5">中间使用</td><td colspan="3">最终使用</td><td rowspan="2">其他</td><td rowspan="2">总产出</td><td rowspan="3">代码</td></tr>
<tr><td colspan="2">能源部门</td><td colspan="2">非能源部门</td><td>中间使用合计</td><td>最终消费合计</td><td>…</td><td>最终使用合计</td></tr>
<tr><td>01</td><td>…</td><td>…</td><td>29</td><td>TIU</td><td>TC</td><td>…</td><td>TFU</td><td>ERR</td><td>GO</td></tr>
<tr><td rowspan="5">投入</td><td rowspan="4">增加值</td><td>固定资产折旧</td><td>V_1</td><td>万元</td><td colspan="5" rowspan="5">第Ⅲ象限</td><td colspan="5" rowspan="5">第Ⅳ象限</td><td>V_1</td></tr>
<tr><td>劳动者报酬</td><td>V_2</td><td>万元</td><td>V_2</td></tr>
<tr><td>利税等</td><td>V_3</td><td>万元</td><td>V_3</td></tr>
<tr><td>增加值合计</td><td>TVA</td><td>万元</td><td>TVA</td></tr>
<tr><td colspan="2">总投入</td><td>TI</td><td>万元</td><td>TI</td></tr>
</table>

2.4.3　能源实物价值量混合型投入产出表编制方法

为了编制 52 部门能源投入产出表，根据研究目的，首先需要对能源部门进行细化。国民经济体系中能源部门包括一次能源部门和二次能源部门。一次能源部门[①]由煤炭采选业、石油开采业、天然气开采业、水力发电业（包含太阳能、风能等可再生能源发电）构成。二次能源部门则包括火力发电等电业（包含核电）、石油加工业、炼焦业、蒸汽热水生产和供应业、煤气生产和供应业构成。实物价值型能源投入产出表需要在投入产出表的行方向反映能源实物的消耗情况，9 个能源部门的实物产品量（单位为吨标准煤）分别列示在价值流量的下方（如表 2 -7）。

---

① 一次能源中的其他能源如水能、核能、生物质能、太阳能、风能等由于在能源生产和消费总量中所占比重较小，且难以获得完整数据，笔者不将上述可再生能源纳入能源投入产出表。

表2-7 中国能源投入产出表能源部门分类及部门代码

代码	能源价值部门名称	能源实物产品名称	部门英文名称
E1	煤炭采选业	煤炭	Mining and Processing of Coal
E2	石油开采业	原油	Mining of Oil
E3	天然气开采业	天然气	Mining of Nature Gas
E4	水电业	水电	Hygeoelectricity Produciton
E5	火电等电业	火电等	Firing Electricity
E6	石油加工业	成品油	Oil Refining
E7	炼焦业	焦炭	Coke Making
E8	蒸汽热水生产和供应业	热力	Heating Production and Supply
E9	煤气生产和供应业	煤气	Gas Production and Supply

对于非能源部门，笔者根据国家统计局基于大规模调查数据编制的1992年124部门表、1997年124部门表、2002年124部门表、2007年135部门投入产出表部门划分的对应关系，采用部门合并的方法，将上述4个投入产出表的非能源部门统一为44部门。笔者采用Matlab7.0软件，根据部门对应关系分别进行行合并和列合并的方法，将4年的投入产出表中的非能源部门全部统一为44部门。

本章需要将能源部门同时用实物量和价值量表示在能源投入产出表中。由于在现实中，不同部门使用的同一种能源会有不同的价格，而且在中国各种能源转化过程中的中间能源投入，如煤用以火力发电等，也并非使用市场价格。反映在能源投入产出表中，即存在中间投入和最终消费之间能源价格有差异，以及能源部门和非能源部门之间能源价格存在差异。笔者使用能源统计年鉴上能源平衡表（标准量表）的数据直接确定最终能源消费量和各能源部门之间的中间投入实物量。由于其他非能源部门的能源消费，即按行业分能源消费量缺乏统计数据，因此笔者采用平均价格（公式 2－10 和 2－11）计算其他非能源部门中间投入的能源实物投入量，以减少价格差异的影响。

$$p_j = \frac{X_i - EX_i + IM_i - Y_i - \sum X_{m,j}}{E_{jS} - E_{jY} - \sum E_{m,j}} \tag{2-10}$$

$$E_{ij} = \frac{X_{i,j}}{P_j} \tag{2-11}$$

式中：

X_i —— 部门 i 的总产出；

EX_i—— 部门 i 的出口；

IM_i—— 部门 i 的进口；

Y_i —— 部门 i 的国内最终消费需求量；

$\sum X_{m,j}$—— 能源部门之间的中间投入之和；

E_{jS}—— 部门 j 的能源消费量；

E_{jY}——i 部门对 j 类能源的最终实物消费量；

P_j——j 类能源在作为中间投入的平均价格，单位为：万元／吨标准煤；

$\sum E_{m,j}$—— 各能源部门之间的中间投入实物量；

E_{ij}——i 部门对 j 类能源的实物消费量。

在能源部门中需要注意的是电力生产和供应业中的水电应为一次能源。因此应该根据水电消费总量在电力消费总量中的比重，将各部门消耗的电力划分为水电和火电等两部分。由能源统计年鉴可以查得当年电力生产和供应业生产的总电量（标准量，单位为万吨标准煤），假设这一值为 X ，其中水电为 $X_{(1)}$ 。由于电力消费过程中可以认为水电和火电是同质的，因此可以简单假设第 j 部门消耗电力总量为 X_j ，其中水电为 $X_{(1),j}$ ，火电等为 $X_{(2),j}$ ，则有：

$$\gamma = \frac{X_1}{X} \tag{2-12}$$

$$X_j = X_{(1),j} + X_{(2),j} \tag{2-13}$$

$$X_{(1),j} = \gamma X_j; \quad X_{(2),j} = (1 - \gamma) X_j \tag{2-14}$$

根据上述方法，本章在国家统计局大规模调查基础上编制的 1992、1997、2002、2007 年序列投入产出表的基础上，根据中国历年能源统计年鉴上的能源消费量数据，编制了 53 部门实物价值型能源投入产出序列表。

2.4.4 能源投入产出系数的测算

衡量能源使用效率的指标很多，如单位 GDP 能耗（图 2－6）等对经济系统能源使用效率进行衡量的整体性指标。从图 2－6 可以看出，中国经济整体能源效率自 1981 年至 2009 年呈下降趋势，但 2002 年至 2006 年之间单位 GDP 能耗不减反增。但这一指标难以反映经济系统中不同产业部门能源效率的差别，也无法测度为生产某一产品或服务引致的全部能源消耗。因此难以解释能源效率变动的原因。而通过投入产出模型中对多种能源投入产出系数的测算则可以达到这一目的。

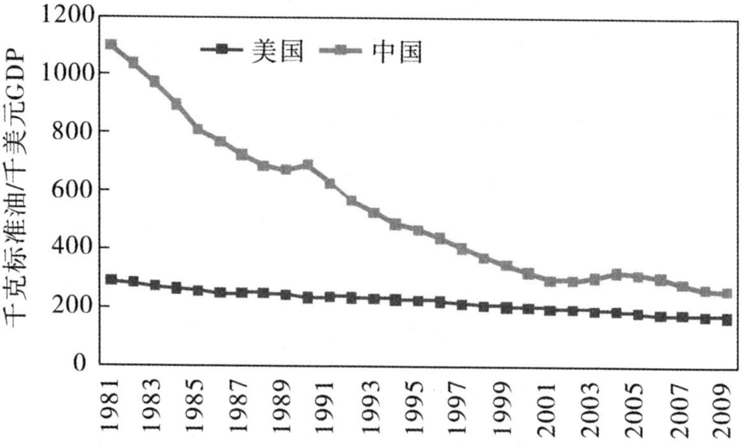

图 2－6　中国与美国 1981 年至 2009 年单位 GDP 能耗

(1) 能源直接消耗系数

根据实物价值型能源投入产出表，笔者首先测算各部门的直接能源强度（各部门能源消费实物量和总投入的比，单位为吨标准煤/万元）。

$$e_i = \frac{\sum_{j=1}^{m} E_{i,j}}{X_i} \tag{2-15}$$

式中：

e_i——i 部门直接能源强度；

$\sum_{j=1}^{m} E_{i,j}$——i 部门对所有能源的实物消费量之和。

根据能源投入产出序列表，笔者计算了各部门的直接能源强度，见表 2-8。从表 2-8 可以看出，我国农业的直接能源消耗系数在 1992 年至 2007 年期间持续上升，这说明我国农业生产中农业机械使用的增多带来了单位农业产值的能源直接消耗增加。其他 43 部门的直接能源消耗系数在 1992 年至 2007 年间均呈下降趋势，这说明这些部门的能源利用效率均在这一期间有所提高。

表 2-8　中国各产业部门直接能源强度

部门	1992	1997	2002	2007
农业	0. 50	0. 58	0. 99	1. 13
黑色金属矿采选业	11. 65	3. 76	3. 08	2. 45
有色金属矿采选业	7. 05	3. 27	2. 72	2. 17
非金属矿及其他矿采选业	9. 65	3. 31	1. 86	1. 75
食品加工和食品制造业	2. 03	2. 05	0. 95	0. 95
酒精及饮料制造业	5. 44	4. 14	2. 46	2. 39
烟草制品业	2. 22	1. 09	0. 32	0. 29
纺织业	13. 98	9. 76	9. 85	9. 31
纺织服装、鞋、帽制造业	1. 54	0. 44	0. 31	0. 30

（续表一）

部门	1992	1997	2002	2007
木材加工及家具制造业	5.30	2.70	2.13	2.07
造纸及纸制品业	8.49	4.63	2.62	2.08
印刷业	1.84	0.93	0.40	0.26
文教体育用品制造业	1.12	0.94	0.52	0.33
肥料制造业	29.42	40.52	20.48	9.39
农药制造业	6.62	7.16	5.20	2.78
医药制造业	8.75	13.61	7.22	6.02
化学纤维制造业	4.41	1.38	0.78	0.37
橡胶制品业	8.01	3.29	10.41	5.01
塑料制品业	3.61	3.31	2.05	1.71
其他化学原料、制品制造业	2.10	1.17	0.88	0.44
玻璃及玻璃制品制造业	13.94	13.55	7.02	3.29
陶瓷制品制造业	36.45	8.85	5.48	2.57
其他非金属矿物制品业	37.67	22.77	12.21	5.72
黑色金属冶炼加工业	26.79	12.91	7.50	4.65
金属制品业	7.26	5.01	3.22	2.32
锅炉及原动机制造业	2.87	2.23	1.56	0.94
铁路运输设备制造业	1.74	1.31	0.92	0.46
电机制造业	1.37	2.79	1.24	0.97
电子计算机制造业	1.61	0.14	0.13	0.05
家用视听设备制造业	0.32	0.30	0.07	0.03
通信与他电子设备制造业	3.03	0.68	0.34	0.13
仪器与仪表制造业	2.60	0.77	0.36	0.14

（续表二）

部门	1992	1997	2002	2007
文化、办公用机械制造业	2.64	0.56	0.15	0.08
工艺美术品及其他制造业	2.56	4.47	2.59	1.32
废品及废料	0.00	0.00	0.00	0.00
水的生产和供应业	5.38	3.86	3.40	2.69
建筑业	0.35	0.41	0.41	0.31
运输仓储业	5.83	1.57	1.19	0.92
邮政业	1.20	0.31	0.85	0.66
批发和零售业	1.19	0.51	0.56	0.43
住宿和餐饮业	2.65	1.66	1.33	1.07
金融保险业	1.13	0.30	0.23	0.91
房地产业	2.87	1.99	1.14	0.91
其他服务业	2.37	1.98	1.60	1.38
平均值	6.76	4.48	2.93	1.87

（2）能源完全消耗系数

所有产品和服务在生产过程中不仅直接消耗了能源，也通过中间投入间接的消耗了为生产其他中间产品而消费的能源。完全能源强度是指生产单位最终产品或服务而导致的全部能源消费量，也就是该单位产品或服务中所蕴含的能源量。根据能源投入产出模型，完全能源强度可以通过直接能源强度乘以列昂惕夫逆矩阵来计算（公式 2－16）。

$$e_i \times (I-A)^{-1} = e_i^{total} \qquad (2-16)$$

式中：

A——投入产出直耗系数矩阵；

e_i^{total}——i 部门的完全能源强度。

根据能源投入产出序列表，笔者计算了各部门的完全能源强度（单位为吨标准煤/万元），见表2－9。

从表2－9可以看出，和直接能源消耗系数类似，我国农业的完全能源消耗系数在1992年至2007年期间持续上升，这说明我国农业生产中化肥、塑料大棚等使用的增多带来了单位农业产值的完全能源消耗增加。其他43部门的完全能源消耗系数在1992年至2007年间均呈下降趋势，这说明这些部门生产单位产值的能源消耗下降。

表2－9　中国各产业部门完全能源强度

部门	1992	1997	2002	2007
农业	4.60	7.06	8.41	9.70
黑色金属矿采选业	20.39	9.75	6.72	5.12
有色金属矿采选业	14.94	10.38	5.89	4.96
非金属矿及其他矿采选业	20.50	10.81	6.33	5.64
食品加工和食品制造业	14.07	12.98	8.64	6.91
酒精及饮料制造业	10.13	7.44	3.88	3.11
烟草制品业	3.62	2.66	0.95	0.76
纺织业	63.74	39.98	20.88	18.33
纺织服装、鞋、帽制造业	8.56	6.90	4.07	3.58
木材加工及家具制造业	13.80	8.57	6.52	6.13
造纸及纸制品业	27.60	19.37	11.03	9.25
印刷业	9.23	5.49	4.48	3.67
文教体育用品制造业	2.82	2.13	1.14	0.94
肥料制造业	36.14	48.45	23.89	12.67
农药制造业	8.84	9.66	6.24	4.03
医药制造业	105.15	78.32	50.76	43.25

（续表一）

部门	1992	1997	2002	2007
化学纤维制造业	7.14	3.27	1.96	1.11
橡胶制品业	15.22	9.79	15.72	8.76
塑料制品业	16.92	8.96	5.58	4.75
其他化学原料、制品制造业	3.91	3.14	2.84	1.65
玻璃及玻璃制品制造业	23.63	19.32	9.40	5.27
陶瓷制品制造业	37.54	9.71	5.83	3.27
其他非金属矿物制品业	74.08	34.63	18.79	10.55
黑色金属冶炼加工业	43.60	20.40	11.75	7.79
金属制品业	30.08	23.63	13.60	9.84
锅炉及原动机制造业	72.68	67.02	32.10	23.50
铁路运输设备制造业	22.39	25.02	17.54	8.77
电机制造业	5.10	6.56	3.36	2.99
电子计算机制造业	2.34	2.36	2.37	1.18
家用视听设备制造业	0.86	2.09	0.99	0.49
通信与他电子设备制造业	8.81	12.80	9.41	4.68
仪器与仪表制造业	9.74	7.75	5.59	2.78
文化、办公用机械制造业	6.82	2.05	0.67	0.33
工艺美术品及其他制造业	18.59	12.26	5.72	2.83
废品及废料	1.12	5.45	2.84	1.40
水的生产和供应业	9.84	8.26	5.46	4.32
建筑业	4.99	3.85	3.42	3.16
运输仓储业	63.91	30.25	18.22	13.21

（续表二）

部门	1992	1997	2002	2007
邮政业	1.63	0.77	1.47	1.06
批发和零售业	24.54	14.07	16.97	12.30
住宿和餐饮业	22.91	15.32	9.99	6.78
金融保险业	33.24	23.26	20.65	14.01
房地产业	29.61	21.42	14.81	10.05
其他服务业	31.78	39.09	34.33	32.61
平均值	25.85	19.61	13.90	9.30

2.4.5 需求结构对能源消费的影响效应分析

国民经济核算中实物价值型能源产出表体现了对经济系统背后的能源资源的定量核算，因而可以对最终需求中的能源消耗进行系统的分析。和基于计量经济方法，从生产的角度从整体上研究能源消费量与经济增长之间关系不同，能源投入产出分析是通过系统地建立经济系统中生产账户与能源资源账户之间的完全关联关系，从最终需求的角度分析能源资源的最终流向和被谁消费。由于投入产出分析可以深入分析经济系统中各部门（或各种产品）之间复杂的依存关系和国民经济各种活动间的连锁反应，能源投入产出分析则可以进一步衡量经济体系内任何部门最终需求的变化对能源消费的直接和间接影响。

基于实物价值型能源投入产出表，利用能源投入产出分析技术中的直接能源消耗系数和完全能源消耗系数可以系统测试居民消费支出、出口贸易和投资行为背后完全的蕴含能源消费（Embodied Energy）。能源投入产出分析是确定一个经济系统内部生产每一种产品或服务所产生的直接和间接的能源消耗过程，蕴含能源则是用以衡量某种产品或服务生产过程中直接和间接消耗的能源总量。根据最终需求对能源消费的影响效应分析框架中的能量守恒原则，出口产品、最终消费和投资中的蕴含能源量之和等于当年能源消费量。因此，和支出法国内生产总值（GDP）统计的思路一致，我国年总能源消耗是以蕴含能源的方式沉积在如下三个范畴，这三种类型的能耗内在逻辑关系如图2－7所示。

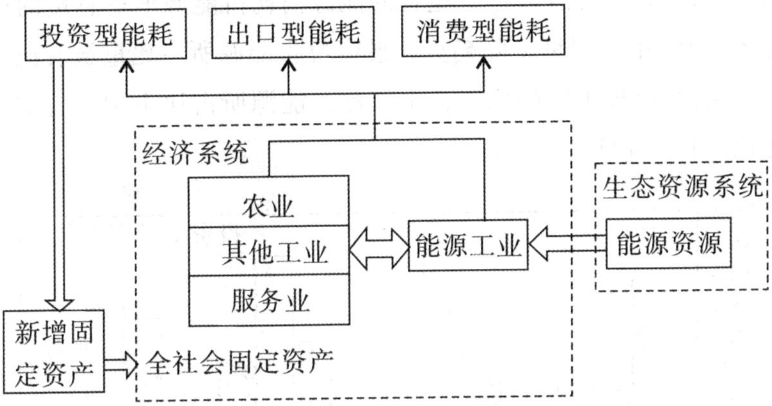

图2－7　蕴含能源的沉积过程及内在联系示意图

消费型能耗：是指在一定时期内城镇居民、农村居民和政府消费的各种产品和服务中的蕴含能源。

投资型能耗：是指在一定时期内形成的各种固定资本和增加的各种存货中的蕴含能源。

出口型能耗：是指在一定时期内用于出口的各种产品和服务中的蕴含能源。

根据能源投入产出模型，最终需求中的能源消耗可以通过完全能源强度乘以最终需求矩阵进行计算（见公式2－17）。

$$E^{(em)}=e_i^{total}F \tag{2-17}$$

式中：

$E^{(em)}$——最终需求中的蕴含能源量；

F——最终需求矩阵。

2.4.6　中国最终需求的能源消耗影响及与美国的对比

根据笔者编制的实物价值型能源投入产出表和构建的经济增长对能源

消费影响效应分析框架，我国年能源消费量可以分解为消费型能耗、投资型能耗和出口型能耗。对 1992、1997、2002 及 2007 四年的定量测算结果如图 2－8 所示。图 2－8 的结果显示，从需求管理的角度，我国最终消费（包括居民消费和政府消费）中蕴含的能源消耗占能源消费总量的比例在 1992 年至 2007 年期间呈下降趋势；投资蕴含能源所占比重虽有波动，但在 2007 年已经超过 1/3 的比重；出口蕴含能源所占比重则一直增长，到 2007 年已经接近 1/3。

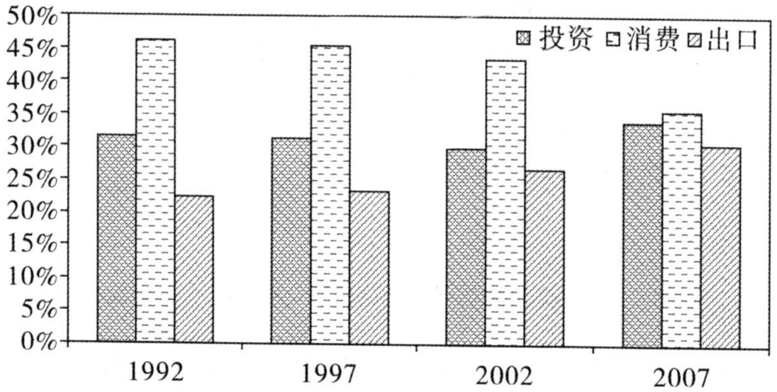

图 2－8　中国 1992 年、1997 年、2002 年和 2007 年总能耗的构成对比

采用实物价值型能源投入产出表编制方法，根据美国 1997 年、2002 年、2007 年投入产出表和美国《年度能源回顾》（Annual Energy Review）中的能源流量数据，编制了美国 1997 年、2002 年和 2007 年实物价值型能源投入产出表。

根据美国实物价值型能源投入产出序列表，笔者计算了美国各个产业部门的直接能源消耗系数和完全能源消耗系数，并计算了消费型能耗、投资型能耗和出口型能耗占当年能源消费总量的比例（图 2－9）。从图 2－9 中的结果可以看出，美国的能源消费主要蕴含于其居民消费中，消费蕴含能源占能源消费总量的比例超过 80%；投资和出口中的蕴含能源占能源消费总量比例较小。此外，美国消费、投资、出口蕴含能源之间的相对比例在 1997 年至 2007 年期间较为稳定。

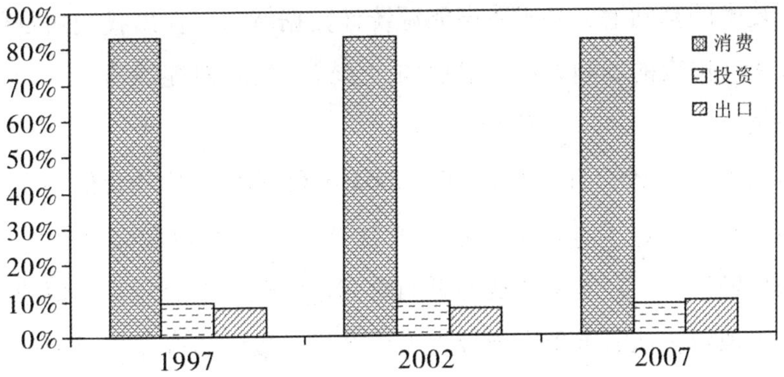

图 2－9　美国 1997 年、2002 年和 2007 年总能耗的构成对比

对比中国和美国的蕴含能源结构可以发现，最终需求对能源消费的影响效应具有显著的差异。作为一个经济快速发展的发展中国家，2007 年我国消费、出口以及投资蕴含能源基本呈各占能源消费总量 1/3 的格局；而作为经济增长速度较慢的发达国家，2007 年美国能源消费主要用于满足最终消费需求，较少用于投资建设和出口贸易生产。这是由于我国经济还处于工业化、城市化的发展阶段，能源消费增长受出口贸易和投资驱动效应明显。这也是从需求角度衡量我国区别于工业化已完成的发达国家的能源消费模式的主要特点。

2.5　本章小结

本章首先探讨了我国经济增长和能源消耗特征。改革开放以来的经济高速增长已经使我国成为世界经济体系中一个重要的经济体，经济总量居世界第二位。伴随着经济的高速增长，我国能源消费量也持续快速增长，导致我国石油对外依存度上升较快，环境保护压力增大，能源使用安全方面问题严重。但我国仍然是发展中国家，今后我国经济的进一步发展会造成能源资源供给、环境保护和二氧化碳减排的形势将更为严峻。

基于此考虑，本章从需求管理的角度出发，基于能源投入产出分析构建了经济增长对能源消耗的影响效应分析框架。本章是根据投入产出分析基础模型，在对比混合型能源投入产出分析技术和实物价值型能源投入产出分析技术的基础上，基于我国能源统计数据特点，提出我国实物价值型能源投入产出表的编制方法，最后构建了经济增长对能源消费的影响效应分析框架。

根据编制的1992年、1997年、2002年和2007年实物价值型能源投入产出表，本章计算了各产业部门的直接能源消耗系数和完全能源消耗系数。根据经济增长对能源消费的影响效应分析框架中的能量守恒原则，本章将能源消费量从需求角度划分为出口产品、最终消费和投资中的蕴含能源量。通过对比分析我国和美国最终消费、出口贸易和投资中蕴含的能源消耗，本章从需求角度分析了最终需求变动对能源消费的影响效应。结果说明，我国能源消费增长受出口贸易和投资驱动效应明显。这也是从需求角度衡量我国区别于工业化已完成的发达国家的能源消费模式的主要特点。

第3章

居民完全能源消费测算及其影响因素分析

能源系统可持续发展的一个重要方面是实现能源的公平利用。由于我国目前还处于经济转型期，快速的城市化对居民能源需求保障提出了更高的要求。居民不仅在日常生活中直接消费了电力、天然气之类的能源，还通过非能源产品和服务的消费间接产生了大量的能源需求（图3-1）。已有研究中，居民消费对能源消耗的影响目前在我国并未受到应有的重视，这一方面是由于能源统计中将产业生产用能和生活能源消费进行了割裂，另一方面是产业能源消耗较为明显和集中，而居民消费活动的能源效应则相对比较隐蔽。

居民间接能源消费量远大于直接能源消费量，居民消费活动的能源环境效应十分显著。从能源政策对居民福利的影响分析，能源政策的影响也不仅将通过居民直接能源消费改变居民生活成本，还将通过居民间接能源消费影响居民生活水平。本章将在第2章的宏观研究框架下，进一步研究居民完全能源消费，对居民的直接和间接能源消费进行系统的分析，并进而在考虑能源效率的情境下分析不同能源价格政策对居民消费支出的影响。

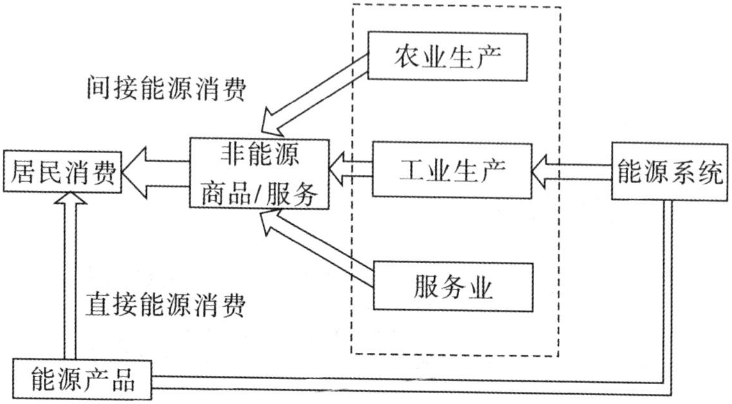

图 3－1　居民直接与间接能源消费

3.1　居民直接能源消费分析

1980 年至 2009 年，中国人口总数由 9.8 亿增长为 13.3 亿。这一期间，中国的城市化率也迅速提高。城镇人口占我国总人口比重由 1980 年的 19%增长为 2009 年的 47%，而农村人口占总人口比重则相应由 81%降低至 53%（如图 3－2）。

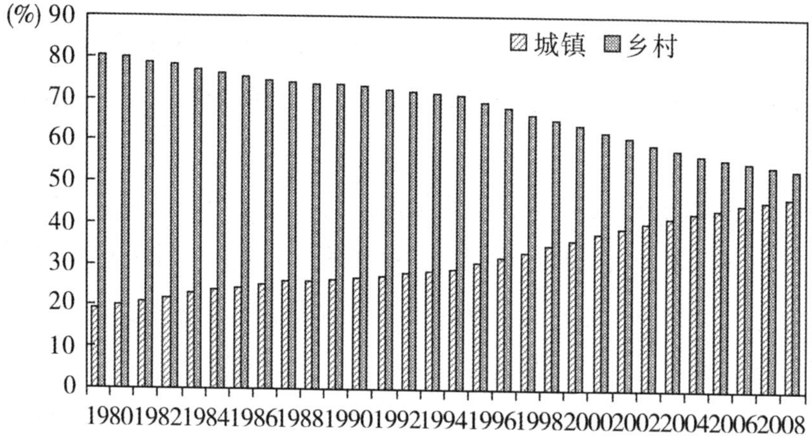

图 3－2　中国城镇人口和农村人口占总人口百分比

中国城乡二元经济结构不仅使城镇居民和农村居民在人均收入和消费水平上存在着显著差异，也使二者在生活能源消费量和消费结构上存在着明显的区别。1980 年至 2009 年，城镇居民人均收入由 478 元增长为 3367

元，增长了7倍；同期农村居民人均收入由191元增长为1184元，增长了6倍（图3-3）。收入的增长带来了居民生活水平的提高，居民生活能源消费量也将随之增加。

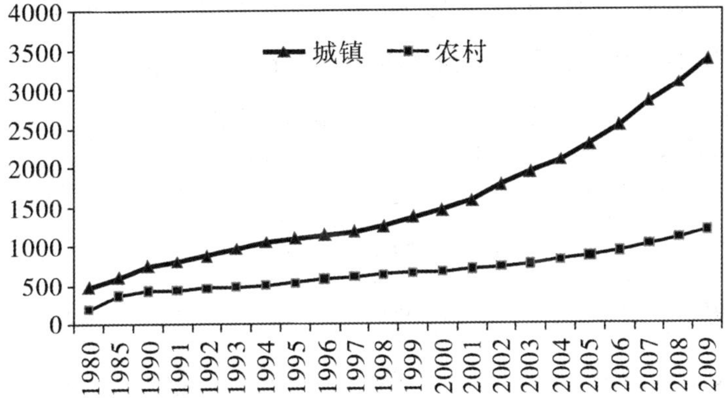

图3-3　城乡居民家庭人均收入

注：1980年不变价计算，单位为元，数据来源于《中国统计年鉴2010》。

从居民直接能源消费量分析，我国人均生活能源消费量由1983年的106千克标准煤，增长为2009年的240.8千克标准煤。人均生活用能在这一期间增长超过两倍。其中，城镇居民生活能源消费量更是增长迅速（图3-4），由于城市化带来的城镇人口增加和城镇居民平均生活能源消费量相对较大等原因，其增幅在近几年大于农村居民生活能源消费量的增长。

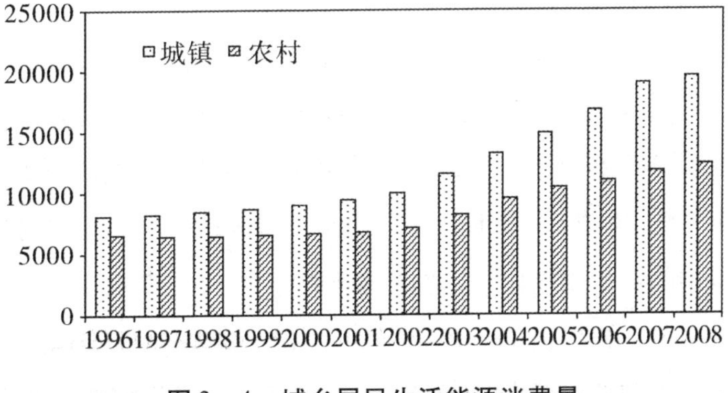

图3-4　城乡居民生活能源消费量

注：单位为万吨标准煤，数据来源于《能源统计年鉴2010》。

居民直接能源消费不仅表现在消费总量和人均用能量的增长，还表现在能源消费结构的变化上，如表3－1。电力、天然气、液化石油气等清洁优质能源占居民直接能源消费量的比重随着居民收入和消费水平的提高而有着相应的增加。而煤炭这一消费过程中产生较多污染的能源在居民直接能源消费中的比例则由1990年的76%下降至2008年的20%。

表3－1 居民直接能源消费结构

	1990	1995	2000	2005	2006	2007	2008
煤炭	76%	61%	39%	28%	26%	23%	20%
液化石油气	2%	6%	9%	9%	9%	9%	8%
天然气	2%	2%	3%	4%	5%	6%	7%
煤气	1%	2%	5%	3%	4%	4%	3%
热力	2%	3%	5%	7%	7%	6%	7%
电力	4%	8%	11%	14%	15%	16%	17%
成品油等	14%	18%	28%	34%	35%	36%	37%

数据来源：历年中国能源统计年鉴。

从能源消费结构分析，受居民生活水平提高的影响，煤炭这一污染严重的能源在城镇和乡村居民直接能源消费中所占比例均呈下降趋势，电力、天然气、成品油等优质清洁能源所占比例则均呈上升趋势。虽然城乡居民能源消费结构演变趋势一致，但目前城镇和乡村居民的直接能源消费结构仍存在着显著差异，如图3－5。成品油在城镇居民生活能源消费量中所占比例由1991年的5%增长为2008年的26%；但同期在农村居民生活能源消费量中的比例则仅由2%增长为14%。同时，煤炭在城镇居民生活能源消费量中所占比例由1991年的81%下降为2008年的13%，在农村居民生活能源消费量中的比例由1991年的93.5%下降为59%。煤炭在农村居民生活能源消费中仍占主体地位。

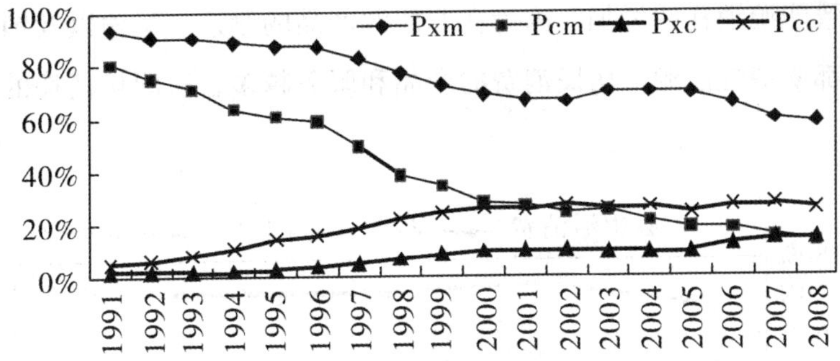

图3-5 城乡居民直接生活能源消费结构

注：Pxm：煤炭在农村生活能源消费中所占比例；Pcm：煤炭在城镇生活能源消费中所占比例；Pxc：成品油在农村生活能源消费中所占比例；Pcc：成品油在城镇生活能源消费中所占比例；单位:%。

数据来源：历年中国能源统计年鉴。

从上述分析可知，居民收入和消费水平的提高不仅使居民直接能源消费需求量增长迅速，而且使居民直接能源消费结构也产生了明显的改变。今后我国经济总量的进一步增长以及经济增长方式从投资出口拉动为主转型为消费、投资、出口共同拉动，将使我国居民消费水平进一步提高。此外，我国尚处于城市化的进程中，农村居民向城镇转移将对能源需求提出更高的要求。这些因素均将对我国液体燃料供应、电力生产和供应提出更高的要求。

3.2 居民消费对能源消耗的影响效应研究

中国经济的增长促进了人均收入的增长和生活水平的提高。从能源消费的角度分析，生活水平的提高不仅表现为居民直接生活用能量的改变和生活用能结构的调整，还表现为居民对非能源产品的消费增长导致的间接能源消费改变。居民的直接能源消耗主要包括取暖、照明、家用电器使用的电和居民私人使用的交通工具所用的能源等，但居民还会产生间接的能源消耗，比如居民通过消费手机电视等家用电器、食品、饮料，或住房，都将导致能源消耗的增加。因为在非能源产品的制造、运输以及销售的各个环节都要消耗能源，居民消费的产品和服务越多，所间接消耗的能源也越多。

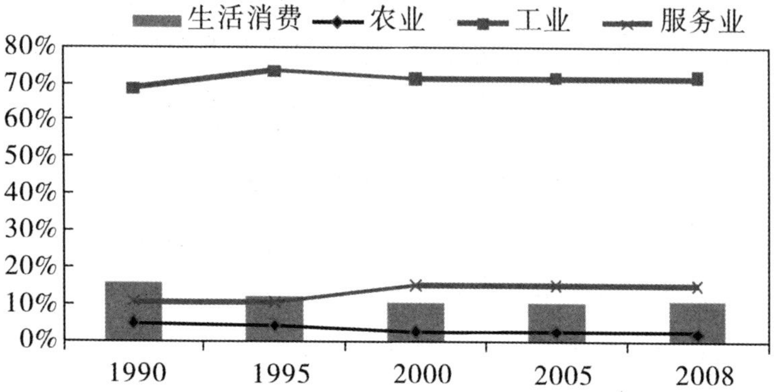

图 3－6　我国能源消费的产业分布

数据来源：《中国统计年鉴 2010》。

图 3－6 说明我国居民直接生活用能仅占我国能源消费总量的 12% 左右，而且这一比例近年来还有所下降。但占我国能源消费总量 70% 以上的工业用能和 15% 的服务业用能很大一部分也要进入最终消费领域，即被居民通过间接能源消费所使用。目前，我国的能源政策主要集中在产业层面，重点关注企业能源节约，而对居民间接能源消费比较欠缺。从居民间接能源消费角度分析，除了用于出口贸易和投资建设，工业产品和服务大部分都要进入最终消费领域。因此对于居民能源消费，水电煤等直接能源消耗仅占一小部分，更多的是间接能源消耗。能源政策，尤其是能源价格政策，也更多地从居民间接能源消费渠道对居民福利水平产生影响。

3.2.1　居民间接能源消费分析

居民收入的增长带来的居民可支配收入和储蓄的增加，也影响了居民的总消费支出和支出结构。图 3－7 中，城镇居民年平均每人消费性支出从 1990 年的 1279 元增长为 2009 年的 12265 元，农村居民年平均每人消费性支出从1990年的585元增长为2009年的3993元。由于所有产品和服务生产过程中均需要消耗能源，因此居民非能源消费支出的增长也必然带来间接能源消费量的增长。

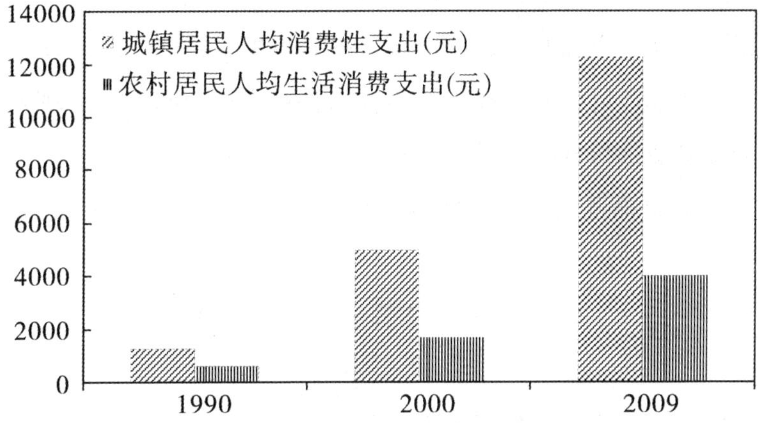

图 3-7 城乡居民人均消费性支出

数据来源：《中国统计年鉴2010》。

非能源产品在生产过程中直接消耗了能源，也间接地消耗了蕴含于中间投入中的其他中间产品的能源。居民的间接能源消费量就是居民所消费的非能源商品中所蕴含的能源量。定量测算居民间接能源需求的方法主要有两种：生命周期分析（Life - cycle Analysis）和投入产出分析。生命周期分析通过加总产品生产过程中每个阶段的能源投入，包括中间投入产品生产过程中的能源投入，来计算直接能源消费量。虽然这种方法可以详细地测算完全能源需求，但这一方法需要十分详细的数据支持。瑞德士等（Reinders，Vringer and Blok，2003）基于11个欧盟成员居民消费支出调查数据，通过判定了大约350种基本消费产品的能源强度和分析居民消费模式在1948年到1996年的变化，研究了居民的直接和间接能源消费量。但这一研究的结果在很大程度上受到仅使用了1990年一年的能源强度信息的限制，因为能源强度的判定需要做大量工作和研究详细的数据。

投入产出技术可以不考虑生产过程的复杂性和长度，使用Leontief逆矩阵来计算一个部门的完全需求。然而，这一方法受投入产出表部门数量的限制，按详细产品分类的投入产出表目前是难以编制的。也有学者通过结合使用两种方法以同时拥有两种方法的优点。即使用过程分析法计算高能耗产品的能源强度，其他产品的能源强度则使用投入产出方法进行计算。由于国内缺乏详细的各类产品能源强度的相关数据，这一方法亦难以应用。因此，本章研究采用投入产出技术，对中国 1992 年至 2007 年的居民间接能源消费进行分析。根据能源投入产出模型，居民的间接能源消费可以通过完全能源强度乘以非能源部门的居民消费支出来计算（见公式 3－1）。

$$E^{H(indirect)} = e_1^{total} Y^H = e_i \ (I - A)^{-1} Y^H \qquad (3-1)$$

式中：

$E^{H(indirect)}$ ——居民间接能源消费量；

Y^H ——居民对非能源产品的支出向量。

本章基于实物价值型能源投入产出序列表，根据各部门的完全能源强度和居民消费支出数据，计算出农村居民和城镇居民的间接能源消费量（表 3－2）。对比居民直接能源消费量和间接能源消费量可以发现，居民间接能源消费量远大于直接能源消费量，间接能源消费约为同期直接生活能源消费的 2 至 3 倍左右。1992 年居民直接生活能源消费为 1.6 亿吨标准煤，而同期居民间接能源消费量为 4 亿吨标准煤。到 2007 年居民直接生活能源消费为 3.2 亿吨标准煤，而同期居民间接能源消费量为近 10 亿吨标准煤。

表 3－2 居民间接能源消费量

	1992	1997	2002	2007
农村	16775	18656	14921	21628
城镇	22381	31332	38189	67840
合计	39157	49989	53110	89468

注：单位为万吨标准煤。

对比我国城镇居民和农村居民间接能源消费量可以发现，我国城镇居民的间接能源消费从 1992 年至 2007 年一直增长，其中 2002 年至 2007 年增长迅速。而农村居民间接能源消费量则在 1997 年至 2002 年间有所减少，2002 年至 2007 年间增长。和直接能源消费量不同，农村居民间接能源消费量和城镇居民间接能源消费量之间的差距在 1992 年至 2005 年之间不断扩大。1992 年，城镇居民间接能源消费量是农村居民的 1.33 倍，到 2005 年，已经是 3.13 倍。城镇化过程中不仅对居民生活能源需求提出了更高的要求，也对居民间接能源需求提出了更高的要求。

3.2.2 居民间接能源消费量的结构分解分析

对居民间接能源消费量的定量测算分析表明，居民通过对非能源产品和服务的消费所导致的能源消费效应大于直接生活能源消费。因此，分析居民间接能源消费量的影响因素，如分析居民消费结构对能源消耗的影响程度，技术水平变动对居民间接能源消费量的影响等，可以为制订能源政策和经济政策提供理论依据和指导，也可以成为引导可持续消费的理论基础。

受多种因素的综合影响，居民间接能源消费量在 1992 年至 2007 年之间增长迅速。这些因素包括能源直接利用效率、中间投入技术、居民消费结构、居民消费支出水平等。分析这些因素对居民间接能源消费量在不同阶段的影响效应及作用机理，对制定相关产业发展政策和节能政策具有重要的指导意义。根据居民间接能源消费量的定义和计算方法，居民间接能源消费量是能源投入产出表中的内生变量，因而可以采用投入产出结构分解分析方法对影响居民间接能源消费量变动的因素进行分析。

根据居民间接能源消费量的定义，即居民消费的非能源产品和服务中蕴含的能源消费量，居民间接能源消费量主要由居民所消费商品和服务的完全能源强度、居民消费支出结构和居民消费支出总量这三个因素影响。根据能源投入产出结构分解分析模型，居民间接能源消费量的变动可以表示为：

$$\Delta E^{H(indirect)} = E_t^{H(indirect)} - E_{t-1}^{H(indirect)} \quad (3-2)$$

$$= e_t (I - A_t)^{-1} Y_t^{\ H} - e_{t-1} (I - A_{t-1})^{-1} Y_{t-1}^H \quad (3-2-1)$$

$$= e_t (I - A_{t-1})^{-1} Y_{t-1}^H - e_{t-1} (I - A_{t-1})^{-1} Y_{t-1}^H \quad (3-2-2)$$

$$+ e_{t-1} (I - A_t)^{-1} Y_{t-1}^H - e_{t-1} (I - A_{t-1})^{-1} Y_{t-1}^H \quad (3-2-3)$$

$$+ e_{t-1} (I - A_{t-1})^{-1} Y_t^H - e_{t-1} (I - A_{t-1})^{-1} Y_{t-1}^H \quad (3-2-4)$$

$$+ \varepsilon$$

方程 3 -2 -2 表示由于不同的直接能源强度导致的居民间接能源消费量的变动，方程 3 -2 -3 表示由中间投入矩阵变动即技术的变动带来的居民间接能源消费量的变动，方程 3 -2 -4 表示由居民非能源商品消费量变动导致的居民间接能源消费量的改变。

居民非能源商品消费量的改变导致的居民间接能源消费量的改变可以分为两个部分，由居民非能源商品消费总量改变所带来的居民间接能源消费量的改变和由居民非能源商品消费结构改变所带来的居民间接能源消费量的改变。假设居民非能源商品消费中各部门的比重为 L，居民非能源商品消费总量为 Y_S^H，即：

$$Y^H = \sum_{i=1}^{n-m} Y_i^H = Y_S^H \frac{\sum_{i=1}^{n-m} Y_i^H}{Y_S^H} = Y_S^{ex} L \quad (3-3)$$

则由式 3 -2 和 3 -3：

$$e_{t-1}(I - A_{t-1})^{-1} Y_t^H - e_{t-1}(I - A_{t-1})^{-1} Y_{t-1}^H$$

$$= e_{t-1}(I - A_{t-1})^{-1} Y_{tS}^H L_t - e_{t-1}(I - A_{t-1})^{-1} Y_{(t-1)S}^H L_{t-1} \quad (3-4)$$

$$= e_{t-1} (I - A_{t-1})^{-1} Y_{tS}^H L_{t-1} - e_{t-1} (I - A_{t-1})^{-1} Y_{(t-1)S}^H L_{t-1} \quad (3-4-1)$$

$$+ e_{t-1} (I - A_{t-1})^{-1} Y_{(t-1)S}^H L_t - e_{t-1} (I - A_{t-1})^{-1} Y_{(t-1)S}^H L_{t-1} \quad (3-4-2)$$

公式 3 -4 -1 表示由居民非能源商品消费总量改变所带来的居民间接能源消费量的改变，公式 3 -4 -2 表示由居民非能源商品消费结构改变所带来的居民间接能源消费量的变动。由结构分解分析模型的结果，居民间接能源消费量的变动可以由直接能源强度、中间投入技术、居民非能源商品消费总量、居民非能源商品消费结构这四个因素的变动来解释。根据能源投入产出表的数据，可以测算四个因素的变动对居民间接能源消费量变动贡献的大小。

根据笔者推导的能源投入产出结构分解分析模型，居民间接能源消费量的变化主要有四个影响因素：①居民消费支出总量的变化（活动因素）；②居民消费结构的变化（结构因素）；③各部门产品的能源强度的变化（效率因素）；④各部门中间投入系数的变化（技术因素）。基于能源投入产出可比价序列表的数据，笔者对各因素对居民间接能源消费变动的贡献进行了定量测算（表3-3）。

表3-3　中国居民间接能源消费量变动的结构分解分析

	农村居民（万吨标准煤）			城镇居民（万吨标准煤）		
	1992—1997	1997—2002	2002—2007	1992—1997	1997—2002	2002—2007
效率因素	-5859.21	-5590.08	1339.67	-9422.89	-9878.65	5464.08
技术因素	-337.36	1002.17	3246.28	-875.98	1099.35	7106.66
结构因素	-211.98	-1070.19	1603.40	1367.12	-1553.62	5993.62
活动因素	8253.65	1986.44	507.20	17109.14	16916.48	10208.44
总变动	1881.26	-3735.81	6707.01	8951.39	6856.51	29651.26

1992年至1997年，由于各部门能源利用效率的大幅提高，能源效率和中间投入技术的改变对居民间接能源消费量的减少有正向作用。其中农村居民非能源商品结构也对农村居民间接能源消费量的减少有正向作用，农村居民在这一期间增加了对食品加工和食品制造业、家用器具制造业、工艺美术品及其他制造业等完全能源强度相对较低部门商品的消费，减少了对化学纤维制造业、医药制造业、金属制品业等完全能源强度相对较高的非能源商品的消费。只有非能源商品消费总量增长使得农村居民间接能

源消费总量增加。但城镇居民在这一期间的非能源商品消费结构变动和消费总量的增长均使城镇居民间接能源消费总量增长。

1997 年至 2002 年，各部门能源利用效率因素对居民间接能源消费量的减少为正向影响，中间投入技术对居民间接能源消费量的减少为反向影响。在这一期间居民非能源消费结构对居民间接能源消费总量的减少为正向影响，说明农村居民和城镇居民在这一期间均倾向消费低能耗的商品。居民在这一期间减少了非金属矿及其他矿采选业、酒精及饮料制造业、烟草制品业、其他非金属矿物制品业等部门商品的消费支出比例。居民消费总量的增长对居民间接能源消费量的增长起着正向的促进作用。

2002 年至 2007 年，所有四个因素对居民间接能源消费总量的增长均为正向促进作用，表现为各产业部门商品能源强度提高，能源利用效率下降，中间投入技术的变动使完全能源强度增大，44 个非能源部门中有四个部门 2005 年的完全能源强度高于 2002 年的完全能源强度。居民非能源商品消费结构的改变倾向于高能耗商品，中国居民对住宿和餐饮业、运输仓储业、家用器具制造业、锅炉及原动机制造业等相对完全能源强度较大的部门的消费支出比例增加。同时，居民非能源商品消费总量也不断增长，这四个因素结合使得这一期间居民间接能源消费总量，尤其是城镇居民间接能源消费总量快速增长。

从中国居民间接能源消费量的总变动上看，农村居民间接能源消费量的增长量小于城镇居民间接能源消费量的增长量。这是因为中国经济发展过程中大量农村居民向城镇转移，增加了城镇居民间接能源消费量，而农村和城镇生活方式的差异也使得这一差距增加。因此，在制定能源规划和相关政策时，应考虑城市化过程中城镇居民人口的增长和生活水平的提高所需要的直接和间接能源消费需求。

3.3 能源政策对居民消费的综合影响效应研究

由于能源是现代经济社会发展的基础，能源问题已经受到越来越多学者和政策制定者的关注。在能源问题中，作为调节供给和需求的杠杆，最为重要的能源价格问题一直以来都是能源经济领域研究的热点。我国的资源禀赋和当前的技术水平决定了，在我国能源生产和消费中占有绝对的优势比例的煤炭、电力、石油、天然气是我国当前经济系统中的基础能源。我国煤炭价格体制在 1992 年之前是非市场化的价格体制，现行的煤炭价格体制是自 1992 年国家决定逐步放开煤炭价格后发展完善而形成的。在现行的煤炭价格体制中，占煤炭消费近一半的火力发电燃煤虽然在 2002 年决定放开，但受多种因素制约，电煤价格实际上并未放开；我国电力行业自 2002 年起已经基本实现了厂、网分离，但是目前竞争性电力市场尚处于“试点”阶段，电价整体上处于政府管制之下；我国现行的石油价格体制包括原油价格体制和成品油价格体制两个部分，其中石油价格体制的市场化程度较高，但成品油价格仍由政府指导定价的方式形成。

我国现行的能源价格体制中，政府起着重要乃至决定性的作用，而合理的价格体系是最有效的经济杠杆。世界银行对 2500 家公司的实证研究结果表明 55% 能源效率的提高来自价格因素，价格调整是实现能效提高的重要手段。由于能源是各产业部门生产和消费的基本投入，政府可以通过调整能源价格改变各产业的生产成本，从经济利益上调动各方面提高效率的积极性，抑制过度需求，引导消费模式的转变，最终导致国民经济价格体系的调整从而促进国民经济全面协调发展和降低单位 GDP 能耗。

但在能源价格的调整过程中，能源价格的增长不仅会直接提高产业的生产成本和居民直接能源消费支出，而且对居民而言各产业生产成本的增加亦将通过价格传导机制最终影响到居民生活水平。而目前中国的人均收入仍然偏低，尤其是广大农村居民和城镇低收入居民可能难以承受能源价格升高带来的负担。一方面，能源价格的调整有利于提高能源效率从而最终降低生产成本，另一方面能源价格的调整又将给居民生活水平带来不利影响。能源价格调整和节能减排在我国目前均由政府主导，合理的分析和测算能源价格调整对居民生活水平的影响，以及在考虑能源效率提高的情境下分析能源价格调整的影响效应，是进一步给出制定能源价格政策的理论基础。为此，必须充分的从定性及定量的角度全面分析能源价格变动的影响效应，进而为能源价格的调整策略提供合理的依据。

3.3.1 能源投入产出价格模型

城镇居民和农村居民之间不同的消费支出量及消费结构将对居民间接能源消费量产生不同的影响。因此，不同的能源政策将通过间接能源消费量这一途径对城镇居民和农村居民产生不同的影响。投入产出价格模型可以对不同能源政策的影响效应进行测算分析。

假设各部门商品价格等于生产的平均价格，即：

$$p_j = (1 + t_j)\left[\sum_{i=1}^{n} p_i a_{ij} + (1 + s_j) w l_j + r k_j + (1 + t_j^m) p_j^m m_j\right] \quad (3-5)$$

式中：

p_j——j 部门商品的价格；

w——劳动力价格（工资）；

r——资本价格；

p_j^m——进口商品价格。

则某部门的商品价格变动对其他部门价格影响效应为：

$$\begin{bmatrix} \Delta p_1 \\ \Delta p_2 \\ \cdots \\ \Delta p_{n-1} \end{bmatrix} = [(I_{n-1} - A_{n-1}^*)^{-1}]^T \begin{bmatrix} a_{n1} \\ a_{n2} \\ \cdots \\ a_{n,n-1} \end{bmatrix} \Delta p_n \quad (3-6)$$

在国内，电力的销售价格由政府控制，在电力提价中，为减少电价调整影响，某些部门所消费的电力价格不做调整，如居民生活用电，但居民同样通过间接电力消费（间接能源消费）受到电价提高的影响，因此假设电力部门为 k，式（3-6）调整为：

$$\begin{bmatrix} \Delta p_1 \\ \Delta p_2 \\ \cdots \\ \Delta p_{n-1} \end{bmatrix} = [(I_{n-1} - A_{n-1}^*)^{-1}]^T \begin{bmatrix} a_{k1} \\ a_{k2} \\ \cdots \\ a_{kf} \\ a_{kh} \\ a_{ky} \\ \cdots \\ a_{k,n-m} \end{bmatrix} \begin{bmatrix} \Delta p_k \\ \Delta p_k \\ \cdots \\ 0 \\ 0 \\ 0 \\ \Delta p_k \\ \Delta p_k \end{bmatrix} \tag{3-7}$$

式中：a_{kf}、a_{kh}、a_{ky} 分别代表所消费电力价格不做调整的产业部门对电力行业的直接消耗系数。

由此，对各部门生产价格指数和居民消费品价格指数的变化幅度的计算公式为：

$$\begin{aligned} \Delta\pi_j^p &= \sum_{j=1}^{n} P_j X_j / (\sum_{j=1}^{n} X_j) - \sum_{j=1}^{n} P_j^* X_j / (\sum_{j=1}^{n} X_j) \\ &= \sum_{j=1}^{n} (p_j - p_j^*) X_j / (\sum_{j=1}^{n} X_j) \end{aligned} \tag{3-8}$$

$$\begin{aligned} \Delta\pi_j^c &= \sum_{j=1}^{n} P_j Y_j / (\sum_{j=1}^{n} Y_j) - \sum_{j=1}^{n} P_j^* Y_j / (\sum_{j=1}^{n} Y_j) \\ &= \sum_{j=1}^{n} (p_j - p_j^*) Y_j / (\sum_{j=1}^{n} Y_j) \end{aligned} \tag{3-9}$$

式中：

X_j—— 第 j 部门总产出；

Y_j——j 部门产品用于居民消费的数量（价值单位），即消费者对 j 部门产品的消费支出；

P_j——j 部门产品的现实价格；

P_j^*—— 模拟情景下的 j 部门产品价格；

$\Delta\pi_j^p$——j 部门产品生产价格波动幅度；

$\Delta\pi_j^c$——j 部门产品消费品价格波动幅度。

对消费者实际收入的影响可以近似估计为：

$$\Delta I = I - I^{*} = \sum_{i=1}^{n} (P_i - P_i^{*}) Y_i \qquad (3-10)$$

式中：

I——消费者现实收入；

I^{*}——模拟政策情景下消费者收入；

ΔI——消费者实际收入变动。

由上述公式，可测算不同能源政策情景下各部门产品生产价格指数、消费品价格指数和居民收入的变动。

3.3.2 不同能源政策情景下的影响效应分析

和居民间接能源消费相关的能源政策主要有价格政策、税费政策及能源效率政策。鉴于我国能源资源开发过程中的环境负外部性，征收生态环境补偿费是解决我国目前严重的生态破坏问题的重要手段，有利于促使企业科学地确定资源消耗水平。征收这一费用还将为区域性生态环境资源的恢复、保护与建设提供稳定的资金来源。但税费的征收在一定程度上将提高能源价格。尽管提高能源价格是促进资源节约的有效方式，但能源价格调整的同时也将对各部门商品价格产生连锁效应。

（1）情景设计

本小节设定能源政策情景 1 为能源价格政策。国内能源价格中，电力销售价格实行政府定价。由于煤炭价格上涨，为缓解电力企业生产经营困难，保障电力供应，促进资源节约，政府近年来多次提高全国各地电网销售电价标准。如 2008 年 7 月 1 日，国家发改委将全国除西藏自治区之外的省级电网销售电价平均每千瓦时提高 0.025 元，同时为减少电价调整影响，居民生活用电价格、农业、农药生产和化肥生产用电价格暂不调整。此处以电力部门为例，分析能源价格政策对各部门产品生产价格、农村居民和城镇居民消费品价格水平、收入的影响。这一情景中，为现实电力价格调整政策，即政府为激励节能同时减少煤炭价格上涨对发电企业的影响，政府对居民生活用电、农业、农药和化肥生产用电价格不做调整，其他部门所使用电力价格平均增长2%。

能源政策情景2为各产业部门电力实物使用量均减少2%。这一能源政策是根据政府在“十一五”计划中支持企业进行技术改造，组织实施热电联产、电机节能、余热利用、能量系统优化等节能工程等节能政策的支持下，假设各产业部门均可以减少2%的电力实物消费量。

能源政策情景3为情景1和情景2的结合，即在该能源政策下，除对居民生活用电、农业、农药和化肥生产用电价格不做调整，其他部门用电价格提高2%而且各产业部门电力使用量减少2%。该政策情景为模拟的综合政策情景。由于现实政策对电力提价将增加企业生产成本，并且国内能源价格与国际价格还存在差距，有进一步提价的可能性。同时，生产者考虑到长期效益，有动力响应国家提高能源效率政策，通过改进技术提高电力利用效率以控制生产成本。因此有必要对此种情形的效应进行测算。

（2）模拟结果

根据2007年52部门现价能源投入产出表数据，基于投入产出局部闭模型，测算出上述三种能源政策情景下的影响效应（见表3-4和3-5）。

在情景1中，政府提高电力销售价格2%，将带来各部门产品价格增长0.369%，其中受影响最大的部门为医药制造业。值得注意的是，在这一能源政策情景下，虽然考虑到了减少对农业和农村居民的影响，但食品加工业、农业所受影响效应仍较大，分别为0.27%和0.255%。在这一能源政策情景下，农村居民消费品价格指数增长0.259%，相当于实际收入约减少4131亿元；城镇居民消费品价格指数增长0.298%，相当于实际收入约减少1320亿元。虽然政府控制了用于农业、农药和化肥生产业的用电价格，但这一政策仍然对农业和农村居民造成显著的间接影响。因此，政府在设计能源提价政策时应考虑到这些间接影响。同时，因为城镇居民间接能源消费量大于农村居民，这一政策对城镇居民消费品价格指数和相对实际收入变动影响大于农村居民。

在情景2中，若所有部门可以提高其能源效率，减少电力消耗量，则将带来各部门产品生产价格的下降，降幅为0.3915%。在这一能源政策情景下，农村居民消费品价格指数下降0.279%，相当于实际收入约增长4466亿元；城镇居民消费品价格指数下降0.317%，相当于实际收入约增长14043亿元。由于节能主要在工业部门，城镇居民从提高能源效率中的收益大于农村居民。这一能源政策可以减少能源消费的同时降低生产价格和增加居民相对实际收入。

表3-4 前16部门的生产价格变动

部门（%）	情景1	情景2	情景3
医药制造业	1.051787	-1.143321	-0.000229
黑色金属冶炼及压延加工业	0.935049	-0.964791	-0.000193
煤炭开采和洗选业	0.673190	-0.707543	-0.000142
其他服务业	0.598443	-0.631210	-0.000126
运输仓储业	0.516322	-0.551549	-0.000110
水的生产和供应业	0.493263	-0.494955	-0.000099
黑色金属矿采选业	0.489153	-0.491814	-0.000098
锅炉及原动机制造业	0.410121	-0.431192	-0.000086
其他非金属矿物制品业	0.371489	-0.376419	-0.000075
金属制品业	0.320915	-0.329014	-0.000066
有色金属矿采选业	0.296128	-0.299489	-0.000060
批发和零售业	0.282729	-0.303125	-0.000061
农业	0.270774	-0.312456	-0.000062
其他化学原料及化学制品制造业	0.267755	-0.314660	-0.000063

（续表）

部门（%）	情景1	情景2	情景3
食品加工和食品制造业	0.255882	-0.265342	-0.000053
造纸及纸制品业	0.250152	-0.261333	-0.000052

表3-5　各综合性指数变动

项目	情景1	情景2	情景3
生产价格指数	0.369257	-0.391543	-0.000078
农村居民消费品价格指数变动（%）	0.258585	-0.279546	-0.000056
城镇居民消费品价格指数变动（%）	0.298061	-0.317079	-0.000063
农村居民实际收入相对变动（亿元）	-4131.52	4466.43	0.89
城镇居民实际收入相对变动（亿元）	-1320.091	14043.21	2.81

在情景3中同时提高能源效率和价格的交互效应测算结果说明在这一情景下也将产生各部门产品生产价格的下降，但降幅接近于0。农村居民消费品价格指数和城镇居民消费品价格指数也将下降，降幅接近于0，农村居民和城镇居民实际收入变动较小。这说明在这一政策中，若有些企业可以有效地提高能源效率则可以获得市场竞争力，政府应在制定能源政策时同时考虑价格和量的控制以避免给产品生产价格带来过大的影响。因此，这是一项更好的政策，它不仅有利于能源资源节约和环境保护，对政府来说也更为可行，因为政府可以在有效减少物价增长的负面影响下获得资金用于提高能源效率。

需要注意的是，上述模拟结果为比较静态分析结果，结合现实情况，笔者可以得出如下结论：一是政府需要重视居民间接能源消费，可以通过强调降低产品能源强度和引导居民改变消费结构来节约能源，并在制定能源政策时考虑到居民通过间接能源消费受到的影响。若政府只是单纯提高能源资源价格，尽管在这一价格调整中可能不调整居民直接用能价格，但间接能源消费意味着这一价格调整的结果最后仍然主要由公众来承担改革的代价。二是在增加能源价格的同时应注重提高能源效率，这一政策可以在为能源利用技术的创新积累资金的同时促进能源资源节约，减少能源提价带来的负面影响。如果政府通过能源资源税的方式来提高资源价格，并将能源资源税收的一部分用于补贴相关人群，尤其是能源资源产地的困难群众，则不仅能有效发挥能源资源的价格激励作用，促进能源节约，此外还能增加政府财政收入，使政府有更多的财政收入发展相关的公共事业，增加就业，最终能有效缓解人民群众的相关负担。

3.4 本章小结

本章讨论了农村和城镇居民的直接能源消费量随收入水平增长的演变特征，基于实物价值型能源投入产出表计算了农村和城镇居民的间接能源消费量和基于投入产出结构分解分析模型分析了农村居民和城镇居民间接能源消费量的影响因素，并以电力价格、能源效率和二者共同实施这三种能源政策为例，在不同情景下分析了能源政策对居民消费的影响效应。

中国经济的增长使城乡居民收入水平均有了显著的增长，也使城乡居民直接能源消费产生了显著的变化。城镇居民生活能源消费量更是增长迅速，在近几年更是由于城市化和城乡收入差距的扩大大于农村居民生活能源消费量的增长。电力、天然气、液化石油气等清洁优质能源占居民直接能源消费量的比重随着居民收入和消费水平的提高而有着相应的增加。而煤炭这一消费过程中产生较多污染的能源在居民直接能源消费中的比例则明显下降。

笔者根据能源投入产出表计算出 1997 年、2002 年和 2007 年农村居民和城镇居民的间接能源消费量，发现居民间接能源消费量约为同期直接生活能源消费的 2 至 3 倍左右。2007 年居民直接生活能源消费为 3.2 亿吨标准煤，而同期居民间接能源消费量为近 10 亿吨标准煤。城镇化过程中不仅对居民生活能源需求提出了更高的要求，也对居民间接能源需求提出了更高的要求。

本章设计的能源政策情景 1 为对电力销售价格提价 2%；情景 2 为各部门减少电力使用量 2%；情景 3 为在政府对电力提价 2% 同时使各部门电力使用量减少 2%。基于本章改进后的能源投入产出价格模型和局部闭模型的测算说明能源价格的增长将带来各部门生产价格的增长、居民消费品价格指数增长、相对实际收入减少，提高能源效率则可以降低生产价格、降低居民消费品价格指数提高相对实际收入，两种政策的结合可以使生产者价格指数、消费品价格指数变动接近于零和居民相对实际收入的变动较小，并且在这一情景下政府可以同时实行经济和资源环境上的目标。

第4章 出口贸易蕴含能源及其变动影响因素分析

经济全球化的发展不仅推动了我国经济的快速发展，也促使我国出口贸易不断增长，这一增长也伴随着能源消耗和污染排放的快速增加。已有研究中有很多学者分析了贸易对能源消费和污染排放的影响机制，但较少从世界各国资源、经济和环境相互关联依赖，以及我国国内的资源环境约束出发，定量分析出口贸易对我国能源消费的影响。在第2章的宏观研究框架下，本章将进一步基于能源投入产出序列表，定量测算出口贸易对我国能源消费的影响，并从影响因素的角度分析减少我国出口贸易蕴含能源途径。

4.1 我国国际贸易演变趋势分析

随着我国经济开放程度的不断扩大，尤其是在2001年世界贸易组织（World Trade Organization，WTO）之后，我国国际贸易高速发展，中国经济日益融入世界经济体型。我国进出口总值从1978年的206亿美元猛增到2008年的25616亿美元，尤其是2001年以后，我国国际贸易年均增速高达26%，是全球国际贸易增长最快的国家（如图4－1）。

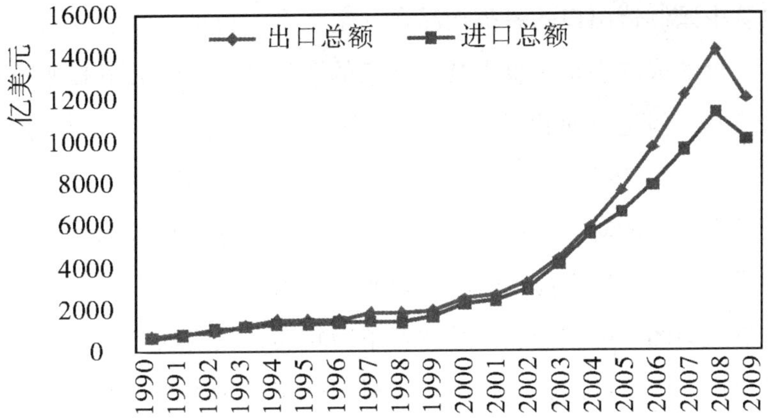

图 4－1 中国进出口贸易总额（1990—2009）

数据来源：《中国统计年鉴 2010》。

1980 年，我国出口贸易总额全球排名第 26 位，此后我国出口贸易高速增长，到 2008 年已经排名全球第二位，成为全球重要的制造业加工生产基地。2009 年，中国出口的工业制成品总额达到 11384 亿美元。2010 年，中国出口贸易排名全球第一，2010 年中国外贸进出口总值为 29727.6 亿美元，比 2009 年同期增长 34.7%，进出口贸易顺差为 1831 亿美元。中国的制造业产出占到了全世界的 19.8%，高于美国的 19.4%。中国制造的产品已经通过出口贸易销往世界各国，我国在化工、建筑材料、纺织服装、家用电器、电子器材和食品饮料等十多个行业的百余种产品的产量都居于世界第一位，其中家电行业的彩电、空调、压缩机、微波炉 4 种产品占全球产量的 70% 左右。

出口贸易的快速发展使我国从巨额逆差转变为巨额顺差。随着我国对外贸易顺差的增加，我国外汇储备大幅增长，截至 2008 年末达到 1.9 万亿美元，居全球第一位。同时，我国吸引了大量国外投资，外国在华直接投资（FDI）发展迅速。1985 年，外国在华直接投资仅为 17 亿美元，到 2000 年为 407 亿美元，2009 年达到 782 亿美元，中国成为世界第一引资大国。我国国际贸易和包括 FDI 在内的投资成为拉动我国国民经济发展的主要驱动力之一。

尽管中国制造出口的各类产品在一定程度上拉动了经济的增长，同时以相对廉价的成本满足了世界其他国家的消费需求，降低了其他国家居民的生活成本，但是目前我国制造业在国际分工中又处于十分不利的地位。我国出口的各类产品虽然在世界各个市场上销售，但是往往量大而不强。我国缺乏大规模的制造企业，仅有3家制造企业进入世界500强，而能源行业中进入世界500强前十的中国企业是中国石化、中国国家电网和中国石油天然气集团。中国制造业总体竞争力较弱，极度缺乏世界性品牌，往往贴牌生产。由于缺乏核心技术，我国制造业目前还处于世界产业链低端的加工制造部分，很多产品需要支付高昂的国外专利费，这使得本就增加值率较低的出口加工行业经营更加艰难。虽然我国的贸易规模已经很大，2010年我国也已经成为全球第二大进口国，但是我国在全球市场中缺乏与贸易规模对应的定价权。在全球市场的原料采购和产品销售方面，我国均处于不利地位。尤其是原材料进口方面，以石油为例，石油价格往往在中国进口时出现高涨。

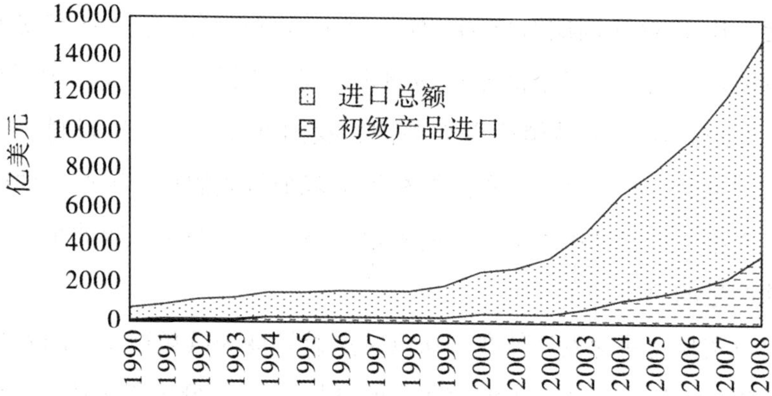

图4-2　中国进口总额与初级产品进口额（1990—2008）

数据来源：《中国统计年鉴2010》。

而我国国际贸易的迅速增长带动了对能源消费的迅猛增长。尤其是自2002年以来，中国的经济增长在很大程度上依赖于对重型制造业的固定资产投资和以量取胜的工业制造品的出口。受制于我国的资源禀赋，我国能源需求与本国供应之间的缺口不断扩大，中国不得不越来越多地依赖进口各类资源以满足其日益增长的能源需求（图4-2）。初级产品占我国进口总额中的比例，由1990年的17%，增长至2008年的31%。

从直接能源进出口量分析，中国自1997年开始成为净能源进口国家。并且从2001年开始，直接能源进口量快速增长而直接能源出口量略呈下降趋势，净能源进口量快速增长。这说明中国能源对外依存度不断增长，其中进口能源中以原油和成品油为主。2008年，原油进口量占直接能源进口量的67%，中国石油消费对外依存度达到创纪录的51.3%。从直接能源进出口量分析，中国已经成为净直接能源输入国。

中国是一个人均能源资源相对稀缺的国家，人均能源占有量不到世界平均水平的一半，2003年开始中国成为继美国之后的第二大石油消费国，2005年成为第二大能源进口国家。预计到2020年中国原油缺口可能加大到2.5亿吨以上，能源紧缺越来越成为制约中国经济发展的“瓶颈”之一。随着中国直接能源商品进口量的不断增长，中国从国际市场购买能源的压力和遭受的批评也随之增大。

4.2　国际贸易的能源环境影响

对于美国等发达国家而言，和中国等发展中国家国际贸易的增长意味着大量工业产品可以在这些发展中国家生产。国际贸易使这些发达国家的居民消费依赖于来自发展中国家的制成品的进口，这些发达经济体的产业结构也就可以越来越倾向于服务导向。最终在一定程度上将其国内经济生产从他们的能源消费和环境行为中分离，减少国内经济与其生态资源环境系统部分的联系。对于发展中国家来说，由于能源、环境法规政策的相对宽松和不完善，而自由贸易追求的是利润最大化，出口型生产往往对社会和环境成本考虑不足，国际贸易扩大导致的产出增加会带来能源消费的增长和环境的进一步破坏。因此，国际贸易可能产生这样的能源消耗和污染物排放影响，一个国家可以通过转移高能耗、高污染排放型产业至其他国家以减少其能源消费并保持其环境承载力；一个国家也可能由于出口产品生产过程中的高能耗、高污染，增加了其能源消费总量并在环境上受损。进一步而言，通过国际贸易，一些国家可能间接出口了能源资源和环境承载力，而一些则可能进口能源资源和环境承载力。

4.2.1 国际贸易和能源消费之间关系的定性分析

从直接影响角度分析，国际贸易对能源系统的可持续发展是不利的。戴利（Daly，1994）等资源环境经济学家认为，国际贸易将直接推动能源消费量的增长和污染排放的增加，因为国际贸易难以将能源消费过程中的环境外部性纳入生产成本。如果发展中国家扩大国际贸易，由于相对落后的技术水平和环境规制水平，产出的增加会导致能源消费的进一步增大。越是环境政策宽松的国家，自由的国际贸易在可以满足其能源消费需求的同时也将产生更大的环境危害，并进而影响全球的能源消费和环境。

污染天堂假说（The Pollution Haven Hypothesis）的研究指出，由于化石能源消费往往伴随着环境污染，当环境政策会增加污染产业的生产成本时，高能耗、污染密集型产业的企业会倾向于将投资从拥有严厉的环境政策的国家转移到环境标准相对较低的国家或地区，这些国家或地区称为“污染天堂”。污染天堂假说有着严格的前提假设，即不同的国家和地区除了环境标准外，劳动力、资本、制度甚至稳定的政治环境等其他方面的条件都相同。因为这些方面条件的差异会影响生产成本，从而抵消或者增加由于环境标准差异所带来的生产成本的下降。对于中国来说，过去 20 年间中国制造业工人的平均生产率已提高 10 倍，而且中国制造业工人工资通常仅为美国的 1/10。近期对污染天堂假说的实证研究得到了环境标准对产业区位选择具有显著影响的结果。

波特（Porter）对国际竞争力和环境规制进行分析以后提出了环境保护有助于提高企业竞争力的假设。波特的研究是在一个动态分析框架下对环境规制和国际竞争力之间的关系进行了衡量。波特考虑到能源环境规制变动下能源使用效率、生产技术、产品生产流程改进的可能性，认为国家实施严厉的环境规制可以提高产业国际竞争力，这两者之间存在着因果关系。根据波特的分析，环境政策在短期内增加企业生产成本和其他限制条件的同时，也促进了企业进行改革，有利于激发企业技术创新，并从能源效率提高、资源循环利用等方面获得额外收益，最终使企业获得竞争优势，如效率优势、先行优势、整合优势和创新优势。但这些额外收益以及竞争优势的获得均取决于技术创新能力和学习效应的实现，而且尽管这些有利影响可能实现，但受制于人类当前技术，生产中能源消耗是不可避免的。

综合分析国际贸易对能源消费和环境影响可知，国际贸易的增长对能源消费和污染排放量的增长起着积极的推动作用。尽管波特提出的环保措施的增加有助于激发企业进行技术创新节能减排并提高企业竞争力，但由于发展中国家和发达国家之间已有的技术水平差异，这种潜在的收益是否可以使得政府和企业，尤其是国外的企业执行较高的环境标准尚难以确定。发展中国家由于出口贸易导致的产出规模扩大使得其成为能源消费的集中地，污染的天堂，生态环境承载力下降，甚至因为影响全球的环境而在国际上承担不必要的压力。

4.2.2　国际贸易对能源消费的影响效应分析

随着能源消费、二氧化碳排放和环境问题受到越来越多的人关注，除了对国际贸易和能源消费之间的关系进行定性分析以外，还需要对国际贸易对能源消费的影响效应进行深入分析，区分不同影响因素在其中的作用及其影响机理。一般来说，国际贸易会对能源消费产生三个方面的效应，规模效应（Scale Effects）、结构效应（Structure Effects）和技术效应（Technological Effects）。

（1）规模效应（Scale Effects）

国际贸易，尤其是出口贸易会不可避免的扩大本国或本地区经济活动的规模，增加各产业的总产出。在能源直接利用效率和产品生产技术没有明显改变的情况下，产出的扩大自然会带来该经济体系内能源消费量的增加和与之伴随的污染排放（包括二氧化碳排放）的增加。从国际贸易对能源消费影响的规模效应分析，可以分为两个方面。一方面是出口贸易的增加本身就需要扩大生产，在能源消费上就表现为能源消费量的加速增加和污染物排放的增多。另一方面是产品出口的增加直接增加了交通运输业服务的需求，间接增加了水泥钢铁等用于道路等基础设施建设的高能耗产品的需求。这就不仅增加了交通运输业的能源消耗，还间接增加了水泥钢铁等高能耗行业的能源消耗。

国际贸易规模的扩大也可能具有减少能源消费的影响效应。因为国家贸易的增长可以增加就业和政府财政税收，这使得政府可以提供更多科研经费和技术改造经费用于提高能源效率。就业和居民收入的增长也有利于政府制定更为严厉的环境措施和能源税费政策，企业也有动力减少单位产出的能源消耗和污染排放，从而抑制规模扩大导致的能源消费过度增加和污染物的过多排放。短期来看，国际贸易的规模效应是促进能源消费的增长，而长期来看随着国际贸易扩大通过收入效应所带来的能源效率间接改善的综合作用的结果，其结果可能为正，也可能为负。

（2）结构效应（Structure Effects）

国际贸易的结构效应是指参与资源全球配置和全球性的专业分工后，出口国或地区的产业结构发生变化，从而改变了该经济体的能源消费量。和污染天堂假说类似，国际贸易将促使各个国家致力于发展具有比较优势的产业，如由于相对宽松的环境政策带来的能源环境成本优势。结构效应在环境政策宽松的国家，由于能源环境资源缺乏科学的定价，环境成本较低将促进各种资源流向能源和污染排放密集型行业，推动该经济体能源消费量的增长。对于环境成本较高的发达国家，低能耗、低污染排放的产业将具有比较优势，国际贸易的规模效应在这些国家将表现为减少能源消费、提高环境质量。

(3) 技术效应（Technological Effects）

国际贸易对能源消费影响的技术效应可以表现在三个方面。首先，国际贸易的扩大有利于专业化分工的加强，从而提高能源的使用效率，降低单位GDP和单位产值能耗和污染排放量。其次，国际贸易有利于技术在不同国家之间的扩散转移。若转移的技术有利于提高能源效率，则可以减少该国的能源消费量；若仅是由于技术出口国环境规制加强的原因而将淘汰的落后技术转移到其他国家，则这些国家必将增加本国的能源消费量。第三个方面就是国际贸易的发展可以促进各种节能环保技术在全球范围内的扩散，尤其是各种节能的机械设备在全球的销售，同时也可以使各国有能力购买节能技术，从而最终促使单位产出能耗的下降。

综上所述，从国际贸易对能源消费三个方面的影响效应可知，国际贸易对能源消费的影响的不同效应可能为正也可能为负，而且国际贸易对能源消费的影响是不同因素不同效应综合作用的结果。因此，为科学制定相应的能源政策和贸易政策，需要对不同因素的影响和作用机理进行系统分析。但现有研究大多从生产的角度分析国际贸易和能源消费的关系，较少从需求管理的视角出发进行研究。

4.2.3 我国国际贸易和污染排放的关联性分析

出口贸易高速发展使我国能源消费呈现快速增长的态势，由于我国的环境污染为典型的能源消费型污染，出口增长在促进我国消费增长的同时也不可避免的带来了环境污染的增多。开发利用能源所产生的环境约束不仅已经成为能源战略和能源决策越来越重要的决定性因素，也是影响我国进出口贸易进一步发展的重要因素。虽然我国国际贸易的高速发展可以为我国的环境保护积累必要的经济基础，通过进口高能耗污染密集型产品可以直接降低本国的能源消耗和污染程度，从国外引进先进的技术、学习先进的管理经验及进口先进的机械设备更是会促进国内节能减排和环境保护的发展。但受制于我国在国际产业分工中主要担当的加工装配者角色①，我国出口贸易的增长不可避免地加速消耗了大量的稀缺性自然资源，导致“掠夺性”资源开采问题严重。和出口贸易带来的能源消费增长一致，出口行业所排放的工业废水、废气和固体废弃物也相应增加，环境污染日趋严重，环境承载力不断下降。“经济增长的资源环境代价过大”② 是我国下一个阶段经济可持续发展必须解决的首要问题。

和初级产品相比，工业制成品的生产中的环境影响不仅包含着原材料的开采与加工，还包括其本身加工过程中所排放的废水、废气与固体废弃物，加上工业制成品占我国出口贸易总额的比例一直上升，2009 年达到 95%，因此本章节选择从工业制成品出口总额分析国际贸易的环境影响效应。1990 年至 2010 年，中国的工业制成品出口总额由 462 亿美元上升为 13965 亿美元，年均增长 17.6%。这一期间，工业固体废物产生量由 1990 年的 57797 万吨增长至 2010 年的 240944 万吨，增幅达 4 倍（图 4－3）。工业固体废物和工业制成品出口总额呈同步增长态势。

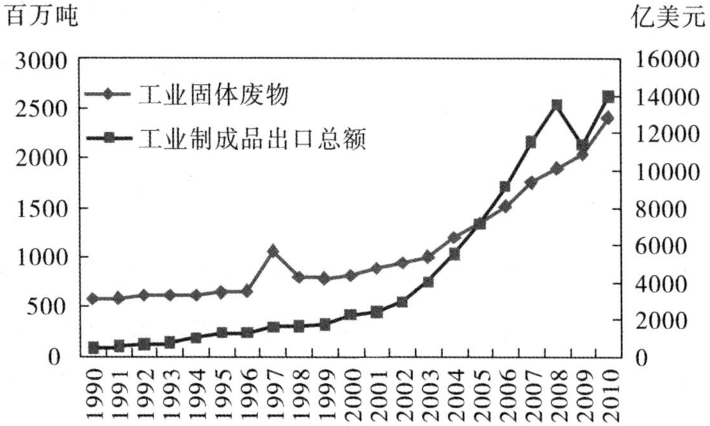

图 4－3　中国工业制成品出口总额与工业固体废物量（1990—2010）

数据来源：《中国统计年鉴 2010》与历年全国环境公报数据。

① 根据《中国统计年鉴 2010》数据，我国工业制成品占出口总额的比重已由 1978 年的 46.5%，上升到 2009 年占据绝对主导的 95%。

② 胡锦涛在中国共产党第十七次全国代表大会上的报告。

工业二氧化硫（SO_2）排放量从 1990 年的 1033 万吨增长至 2006 年的 2235 万吨，年均增长 5%（图 4－4）。其后由于我国政府在“十一五规划”[①] 制定了降低单位 GDP 能耗 20%，在 2005 年的基础上到 2010 年减少二氧化硫排放量 10% 的政策，我国工业二氧化硫排放量在 2010 年减少至 1864 万吨。因此，从整体上分析，我国工业二氧化硫排放量在 2006 年之前随工业制成品出口总额呈同步增长态势，但十一五期间由于政府管制呈下降趋势。

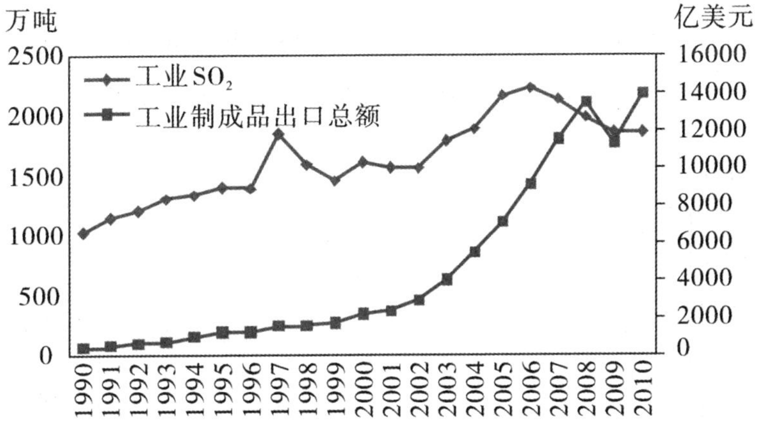

图 4－4　中国工业制成品出口总额与

工业二氧化硫（SO_2）排放量（1990—2010）

数据来源：《中国统计年鉴 2010》与历年全国环境公报数据。

从另外两项环境指标，工业废水排放量和工业化学需氧量（COD）排放量，可以看出，由于国家以造纸等行业减排为重点，采取各种环境政策积极推进高污染行业的清洁生产和大力发展循环经济，我国工业废水排放量和工业化学需氧量（COD）排放量并未出现和工业制成品出口总额同期增长的趋势。

---

① 中共中央《中华人民共和国国民经济和社会发展第十一个五年规划纲要》，http：//news. xinhuanet. com/misc/2006－03/16/content_ 4309517. htm。

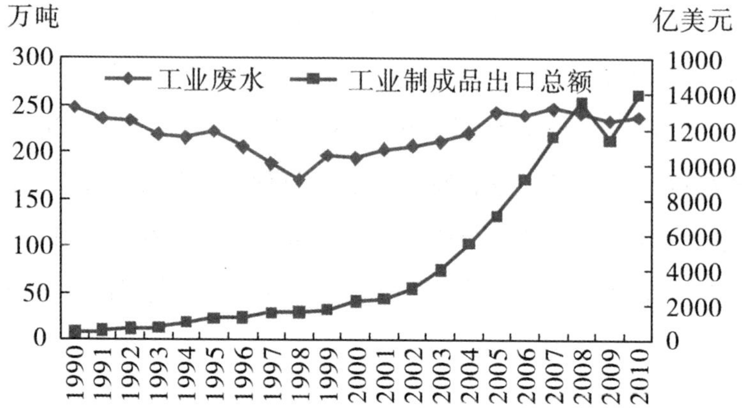

图 4－5　中国工业制成品出口总额与工业废水排放量（1990—2010）

数据来源：《中国统计年鉴 2010》与历年全国环境公报数据。

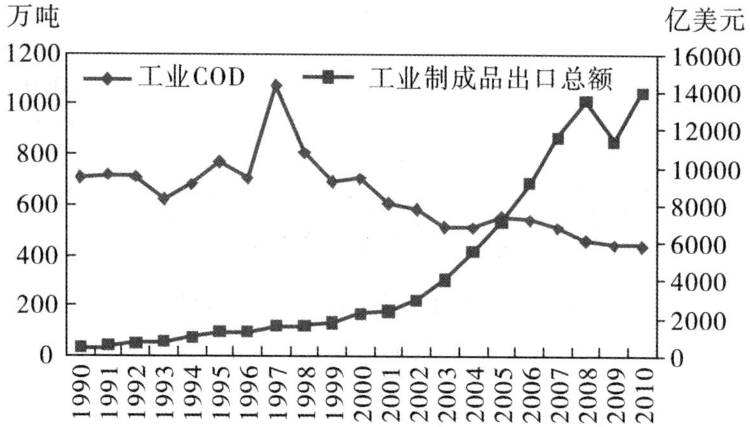

图 4－6　中国工业制成品出口总额与工业 COD 排放量（1990—2010）

数据来源：《中国统计年鉴 2010》与历年全国环境公报数据。

1990 年至 2010 年期间，我国的工业废水排放量没有明显的增长趋势，1990 年排放量为 236 亿吨，2010 年为 238 亿吨（图 4－5）。这说明从工业废水排放量这一环境指标来看，工业制成品出口总额的增加并未对工业废水排放产生显著的影响效应。和工业废水排放量变动趋势一致，工业 COD 排放量仅在 1997 年达到峰值，此后则呈下降趋势（图 4－6）。

我国的二氧化硫排放中，燃煤电厂二氧化硫排放量约占全国二氧化硫排放量的50%，而电力是工业生产制造的基础，因此从整体分析我国二氧化硫排放和工业固体废弃物排放与中国的出口贸易规模之间存在正向关联关系。而从两项环境指标，工业废水排放量和工业COD分析则没有显著的正向关系。因此，需要对我国国际贸易和能源消费及环境污染之间的关系做更为深入的系统分析。

4.3　我国国际贸易蕴含能源量测算

随着加入WTO后我国国际贸易自由化的不断深入和贸易规模的不断扩大，使得我国和世界其他国家在经济上的相互依赖性不断增强。这不仅使我国逐渐依赖贸易伙伴的生产体制和消费模式，如2008年金融危机对我国出口贸易的不利影响，也会影响我国产业结构的演变并影响我国的能源消费和环境。能源又是重要的生产要素，所以在非能源商品出口贸易中蕴含着大量的能源消耗，即蕴含能源出口。以铝为例，目前技术条件下生产一吨铝耗电15000度，我国净出口70万吨铝仅从直接能源消耗的角度分析就相当于出口100多亿度电。而且，中国在国际产业分工体系中位于产业链低端，出口贸易55%以上来自附加值较低的加工贸易，而且资源和能源密集型产品出口仍占较大比例，而以往的数据统计并没有将进出口贸易的能源消费计入其中。

能源投入产出表的编制和能源投入产出分析的应用体现了对经济增长背后的资源环境消耗的定量测算，从而也可以对进出口贸易背后的能源消耗进行系统的分析。随着温室效应和气候变化等全球性问题的出现，国际二氧化碳谈判、国内能源政策和国际贸易政策的制定等都亟待学界对国际贸易与能源环境问题进行更为深入的研究，特别是对国际贸易背后的能源消耗进行系统的测算分析。因此基于能源投入产出表定量分析我国出口贸易蕴含的能源消费及其影响因素，对制定相关节能政策和产业发展指导政策将具有重要的意义。

4.3.1 蕴含能源进出口测算分析

本小节基于编制1992—2007年实物价值型能源投入产出序列表，根据能源投入产出模型，计算了52个部门产品的直接能源强度、完全能源强度，据此计算了出口贸易中的蕴含能源量。在我国进口贸易蕴含能源的计算中，由于进口产品来自不同的国家，理论上应该根据进口产品的产地将进口商品进行划分，使用对应国家的能源投入产出表计算获得的完全能源强度来计算进口贸易蕴含能源量。但是由于不同国家的数据可获得性较差，数据收集和处理困难，精确地按照进口来源国的投入产出表编制能源投入产出表计算进口产品的蕴含能源难以实现，缺乏可操作性。

本节采用进口品和国内产品无差别且完全竞争的假设计算进口产品蕴含能源。在国际贸易的能源消费影响效应分析中，虽然进口商品是在国外生产的，进口商品也就是减少了国内生产相同商品所需消耗的能源，因此可以利用投入产出分析中的技术同质性假设，即假设进口产品生产技术和本国产品生产技术相同，利用国内完全能源强度计算进口产品中的蕴含能源。需要注意的是，由于我国的进口产品主要来自欧盟、日本和美国等发达国家，而这些国家的技术水平和能源利用效率远高于中国，因此利用完全能源消耗强度来计算进口产品蕴含能源会产生测算结果偏高的问题。因此使用相同的完全能源强度计算进口品中蕴含能源进口量 $E^{im(indirect)}$ 。

$$E^{ex(indirect)} = e_{(total)}Y^{ex} = e\,(I - A)^{-1}Y^{ex} \tag{4-1}$$

式中：

Y^{ex} ——出口贸易向量；

$e_{(total)}$ ——完全能源消耗强度向量。

$$E^{im(indirect)} = e_{(total)}Y^{im} = e\,(I - A)^{-1}Y^{im} \tag{4-2}$$

式中：

Y^{im} ——进口贸易向量。

同样采用进口品和国内产品无差别且完全竞争的假设计算净间接能源

出口量 $E^{netex(indirect)}$，即使用非能源商品净出口量计算净间接能源出口量。结果见表 4－1。

$$E^{netex(indirect)} = e_{(total)}(Y^{ex} - Y^{im}) = e(I-A)^{-1}(Y^{ex} - Y^{im}) = e(I-A)^{-1}Y^{netex} \quad (4-3)$$

式中：

Y^{netex} ——净出口贸易向量。

表 4－1　中国间接能源进出口总量

（单位：万吨标准煤）

	1992	1997	2002	2007
间接能源出口量	22629.59	33770.77	48384.45	137547.58
间接能源进口量	22287.66	32371.05	45998.57	102413.92
净间接能源出口量	341.93	1399.72	2385.88	35134.65

分析可知，尽管我国在 1996 年之后为能源净进口国，但 1992 年我国的出口蕴含能略高于进口隐含能，为蕴含能源的净出口国，净出口额仅为 0.03 亿吨左右。1997 年，我国的进口蕴含能源和出口蕴含能源都增长迅速，由于贸易顺差，蕴含能源的净出口额已经超过0.14 亿吨标准煤。2002 年，我国进出口贸易继续增长，尽管贸易顺差相对 1997 年较小，受出口结构的影响蕴含能源的净出口额增长为 0.24 亿吨标准煤。随着我国加入世界贸易组织以后出口贸易的高速增长和贸易顺差的不断扩大，我国 2007 年的蕴含能源的净出口额高达 1.24 亿吨标准煤。

需要注意的是，由于我国利用国内技术系数计算进口蕴含能源，因此所得到的净出口蕴含能源并不是实际的净出口蕴含能源。这一结果仅可以从另一个角度表示对外贸易的能源环境影响，即由于对外贸易，我国增加的能源消耗和减少的能源消耗之间的关系。从统计数据上看，中国 1997 年的能源直接进口量为 0.97 亿吨标准煤，出口量为 0.75 亿吨标准煤，净进口量为 0.22 亿吨标准煤。同期，中国通过非能源品进口而间接进口了

3.24亿吨标准煤，即若中国不从国外进口这些非能源品，那么国内生产和提供这些产品需要增加3.24亿吨标准煤。与此同时，中国通过非能源品的出口也出口了3.38亿吨标准煤，高于进口的能源含量。因此，尽管我国通过贸易直接进口的能源高于出口的能源量，但通过非能源品贸易而间接进口的能源小于间接出口的能源。

随着我国国际贸易的发展，中国通过非能源品贸易产生的间接能源进出口也不断增加。由于我国贸易顺差，我国是蕴含能源的净出口国，且净出口规模随着顺差的增加而不断扩大。到2007年，中国的能源直接进口量增长至3.5亿吨标准煤，出口量略增长为0.97亿吨标准煤，净进口量高达2.53亿吨标准煤。但同期中国通过非能源品进口而间接进口了10.24亿吨标准煤，远小于通过非能源品出口的13.75亿吨标准煤，净蕴含能源出口为3.5亿吨标准煤。由此可知由于中国贸易顺差，大量出口非能源商品，尤其是高能耗商品，间接向国外输送了大量的能源，但将能源消费过程中产生的CO_2排放和污染排放留在了中国。可见各部门单位产值对能源的需求普遍出现上涨，且增幅较大，产品节能措施的提出刻不容缓。

4.3.2 我国国际贸易蕴含能源产业分布

根据编制的能源投入产出表，可以分析44个非能源部门的蕴含能源进出口情况。表4－2表示1992年至2007年我国非能源部门的蕴含能源进出口情况。从蕴含能源进出口的产业分布上可以看出，制造业部门是蕴含能源进出口的主要载体，其蕴含能源进出口占总额的70%以上。

表4－2 中国蕴含能源进出口的产业分布

指标	间接能源出口量（万吨标准煤）			
年	1992	1997	2002	2007
纺织业	4623.13	4516.89	7356.89	15048.1
纺织服装、鞋、帽制造业	4129.11	2668.22	4188.54	7663.21

（续表）

指标	间接能源出口量（万吨标准煤）			
通信及其他电子设备制造业	355.82	1438.46	2673.39	12875.8
金属制品业	1171.75	2119.70	2453.94	9045.91
电子计算机制造业	50.72	900.34	1959.45	11204.3
医药制造业	535.36	2645.20	3004.59	7539.34
其他电气机械及器材制造业	899.61	1464.60	2486.76	6903.82
锅炉及原动机制造业	609.02	1073.18	2193.68	7750.32
黑色金属冶炼及压延加工业	1409.13	1841.50	1328.15	6561.57
运输仓储业	806.92	951.16	2668.46	6211.21

从蕴含能源进出口产业分布结果可以看出，黑色金属冶炼及压延加工业和金属制品业这两个资源密集型高能耗产业的蕴含能源出口是我国蕴含能源出口的主要产业。这说明我国不仅通过这两个产业出口了大量蕴含能源，也间接出口了大量铁、铜等自然资源，即产生了蕴含资源出口。纺织业和服装、鞋、帽制造业这两个直接能源强度相对较低的产业，由于中间投入的生产过程消费了大量能源，其完全能源强度则相对其他产业较高。因此，这两个产业由于出口额较大，其蕴含能源出口占我国非能源产品蕴含能源出口总额的比例高达10%以上，大于其出口金额占出口贸易总额的比例。从蕴含能源的纵向变化分析，我国出口贸易的增长促使各部门的蕴含能源均有显著增长。

从蕴含能源的进口产业分布分析，医药制造业、锅炉及原动机制造业、运输设备制造业等产业是蕴含能源进口的主要产业。由于我国进口贸易的增长，进口蕴含能增加的部门主要是农业、采矿业以及制造业。但建筑业和服务业的蕴含能源进口则有所减少。

由于上文采用进口品和出口品生产技术和直接能耗一致的假设，而我国技术水平和能源效率相对发达国家落后，因此我国进口品中实际蕴含的能源量应比上述计算结果小。另一方面，尽管我国确实存在大量进口能源产品和其他资源性产品，但随后以制成品的形式间接出口能源和其他资源。即我国虽然从国际市场上购买能源和资源品，但我国将进口的能源以制成品的形式再出口。此外由于贸易顺差，还通过非能源产品出口的形式间接出口了本国的能源和其他资源。

4.4 出口蕴含能源变动影响因素分析

4.4.1 结构分解分析模型构建

我国国际贸易的增长一方面通过进口满足了本国生产和消费对能源和其他产品的需要，另一方面也通过出口间接出口了大量能源和其他资源性产品。本小节根据能源投入产出结构分解分析模型，对中国净出口中的蕴含能源出口量的影响因素进行分析。

首先，第 t 年和 t－1 年之间的净出口蕴含能源变动量为 ΔE^{nex} ，可以表示为完全能源强度矩阵和净出口向量的变动。如公式 4－4 所示。

$$
\begin{aligned}
\Delta E^{nex} &= E_{t}^{nex} - E_{t-1}^{nex} \\
&= e_{t(total)} Y_{t}^{nex} - e_{t-1(total)} Y_{t-1}^{nex} \\
&= (e_{t(total)} - e_{t-1(total)}) Y_{t}^{nex} + e_{t-1(total)} (Y_{t}^{nex} - Y_{t-1}^{nex}) \\
&= (e_{t(total)} - e_{t-1(total)}) Y_{t}^{nex} + e_{t-1(total)} (Y_{t}^{nex} - Y_{t-1}^{nex}) \\
&= \Delta e_{(total)} Y_{t}^{nex} + e_{t-1(total)} \Delta Y^{nex} \\
&= (e_{t(total)} - e_{t-1(total)}) Y_{t-1}^{nex} + e_{t(total)} (Y_{t}^{nex} - Y_{t-1}^{nex}) \\
&= \Delta e_{(total)} Y_{t-1}^{nex} + e_{t(total)} \Delta Y^{nex}
\end{aligned}
\tag{4-4}
$$

从公式 4－4 中，净出口蕴含能源变动量可以分解成为完全能源强度矩阵变动的效应和净出口向量变动的效应。同时，这一结构分解分析并非唯一，且不包含交互项。为保持简洁性，此处采用简单的两个分解项平均的方法，也就是极形式进行分解以解决这个不唯一性问题（Dietzenbacher and Los，1998）。如公式4－5所示。

$$\Delta E^{nex} = \frac{1}{2}(\Delta e_{(total)})(Y_t^{nex} + Y_{t-1}^{nex}) + \frac{1}{2}(e_{t-1(total)} + e_{t(total)})\Delta Y^{nex} \quad (4-5)$$

从完全能源强度的计算方式可知，完全能源强度矩阵变动效应 $\Delta e_{(total)}$，可以进一步按公式4－6进行分解。根据公式4－6，完全能源强度矩阵变动效应可以分解为直接能源强度变动的影响效应和列昂惕夫逆矩阵变动的效应。

$$\begin{aligned}\Delta e_{(total)} &= e_t M_t - e_{t-1} M_{t-1} \\ &= \Delta e M_t + e_{t-1}\Delta M = \Delta e M_{t-1} + e_t \Delta M \\ &= \frac{1}{2}(\Delta e)(M_t + M_{t-1}) + \frac{1}{2}(e_t + e_{t-1})(\Delta M)\end{aligned} \quad (4-6)$$

列昂惕夫逆矩阵变动的效应 ΔM，可以表示成为直接消耗系数矩阵 A 的变动，即中间投入技术的改变，见公式4－7。

$$\begin{aligned}\Delta M &= M_t - M_{t-1} \\ &= (I - A_t)^{-1} - (I - A_{t-1})^{-1} \\ &= M_t[(I - A_{t-1}) - (I - A_t)]M_{t-1} \\ &= M_t(A_t - A_{t-1})M_{t-1} \\ &= M_t(\Delta A_t)M_{t-1}\end{aligned} \quad (4-7)$$

注意到净出口是出口值与进口值（负数表示）之和，$Y^{nex} = Y^{ex} + Y^{im}$，因此有 $\Delta Y^{nex} = \Delta Y^{ex} + \Delta^{im}$。出口向量可以表示为公式4－8。

$$Y^{ex} = \sum_{i=1}^{n-m} Y_i^{ex} = Y_S^{ex} \frac{\sum_{i=1}^{n-m} Y_i^{ex}}{Y_S^{ex}} = Y_S^{ex} L^{ex} \quad (4-8)$$

式中：

Y^{ex} ——出口贸易向量；

Y_S^{ex} ——出口贸易总额；

L^{ex} ——出口贸易结构。

因此，出口向量的变动 ΔY^{ex}，可以分解为出口贸易总量的变动和出口结构的变动，如公式 4－9 所示。

$$\begin{aligned}\Delta Y^{ex} &= Y_t^{ex} - Y_{t-1}^{ex} \\ &= Y_{S(t)}^{ex} L_t^{ex} - Y_{S(t-1)}^{ex} L_{t-1}^{ex} \\ &= \Delta Y_S^{ex} L_t^{ex} + Y_{S(t-1)}^{ex} \Delta L^{ex} = \Delta Y_S^{ex} L_{t-1}^{ex} + Y_{S(t)}^{ex} \Delta L^{ex} \\ &= \frac{1}{2}(\Delta Y_S^{ex})(L_t^{ex} + L_{t-1}^{ex}) + \frac{1}{2}(Y_{S(t)}^{ex} + Y_{S(t-1)}^{ex})\Delta L^{ex}\end{aligned} \tag{4-9}$$

和出口向量变动的分解类似，进口的变动 ΔY^{im} ，同样可以分解成为进口贸易总量的变动和进口结构的变动，如公式 4－10 所示。

$$\begin{aligned}\Delta Y^{im} &= Y_t^{im} - Y_{t-1}^{im} \\ &= Y_{S(t)}^{im} L_t^{im} - Y_{S(t-1)}^{im} L_{t-1}^{im} \\ &= \Delta Y_S^{im} L_t^{ex} + Y_{S(t-1)}^{im} \Delta L^{im} = \Delta Y_S^{im} L_{t-1}^{im} + Y_{S(t)}^{im} \Delta L^{im} \\ &= \frac{1}{2}(\Delta Y_S^{im})(L_t^{im} + L_{t-1}^{im}) + \frac{1}{2}(Y_{S(t)}^{im} + Y_{S(t-1)}^{im})\Delta L^{im}\end{aligned} \tag{4-10}$$

式中：

ΔY^{im} ——进口贸易变动；

ΔY_S^{im} ——进口贸易总量变动；

ΔL^{im} ——进口贸易结构变动。

综上对不同部分的分解结果，可以得出对净出口贸易蕴含能源变动的结构分解分析表达式，如公式 4－11 所示。

$$\begin{aligned}\Delta E^{nex} = {} & \frac{1}{4}(\Delta e)(M_t + M_{t-1})(Y_t^{nex} + Y_{t-1}^{nex}) \\ & + \frac{1}{4}(e_t + e_{t-1})M_t(\Delta A_t)M_{t-1}(Y_t^{nex} + Y_{t-1}^{nex}) \\ & + \frac{1}{4}(e_{t-1(total)} + e_{t(total)})(\Delta Y_S^{ex})(L_t^{ex} + L_{t-1}^{ex}) \\ & + \frac{1}{4}(e_{t-1(total)} + e_{t(total)})(Y_{S(t)}^{ex} + Y_{S(t-1)}^{ex})\Delta L^{ex} \\ & + \frac{1}{4}(e_{t-1(total)} + e_{t(total)})(\Delta Y_S^{im})(L_t^{im} + L_{t-1}^{im})\end{aligned}$$

$$+\frac{1}{4}(e_{t-1(total)}+e_{t(total)})(Y_{S(t)}^{im}+Y_{S(t-1)}^{im})\Delta L \tag{4-11}$$

公式 4 - 11 中将净出口贸易蕴含能源变动的结构分解分析结果分行表示不同因素的影响效应，公式等号右边第一行表示直接能源强度变动的影响效应，即能源效率因素；第二行为直接投入系数矩阵变动的影响效应，即中间投入技术因素；第三行表示出口贸易总额变动，即出口量因素；第四行表示出口贸易结构变动，即出口结构因素；第五行表示进口贸易总额变动，即进口量因素；第六行表示进口结构变动，即进口结构因素。上述各项均与列昂惕夫逆矩阵相乘，因此这一分解综合考虑了直接与间接影响，以及产业间的完全关联关系。

4.4.2　净出口贸易蕴含能源影响因素的效应分析

根据上述编制的能源投入产出序列表和净出口贸易蕴含能源投入产出结构分解分析模型，净出口贸易蕴含能源变动的影响因素分析结果见表 4 - 3。表 4 - 3 中将各因素对净出口蕴含能源变动的影响效应表示成为总变动的百分比。

表 4 - 3　净出口蕴含能源变动的结构分解分析结果（%）

影响因素	1992—1997 年	1997—2002 年	2002—2007 年
能源效率因素	-91.57%	-65.38%	-4.01%
中间投入技术	-18.05%	1.56%	12.88%
出口结构	9.13%	42.93%	20.03%
出口量	761.44%	1309.92%	875.89%
进口结构	-16.07%	-26.89%	-17.14%
进口量	-544.88%	-1164.05%	-792.63%
总变动	100%	100%	100%

从净出口蕴含能源出口量的变动上可以看出，1992 年至 2007 这个阶

段，我国间接能源出口量不断增大，其中2002年至2007年期间，总间接能源出口剧增了89163.13万吨标准煤，是1992年至1997年期间增长量的6倍。在这三个阶段，各因素的变动给净出口蕴含能源出口量带来了不同的影响效益。1992年至1997年，出口结构和总量的变动均使净出口蕴含能源出口量增加，进口产品结构和进口贸易总量也促使净出口蕴含能源出口量减少，但这一期间直接能源效率的提高和中间投入技术的变动均使净出口蕴含能源出口量减少，这说明在这一期间能源利用效率和生产技术的提高节约了能源，使得非能源商品出口结构和出口总量的改变导致的能源消费增长效应得以减弱。其中直接能源效率的提高和进口贸易总额的增长是这一期间减少净出口蕴含能源出口量的主要原因。

1997年至2002年，直接能源强度的变动、进口产品结构和进口贸易总量使净出口蕴含能源出口量减少，中间投入技术的变动、出口结构和出口总量的改变均使净出口蕴含能源出口量增加。这说明在这一期间能源利用效率的提高是减少间接能源出口量的唯一因素。

2002年至2007年，贸易顺差的快速扩展使净出口蕴含能源出口量剧增，仅有能源效率、进口贸易总量和进口产品结构的变动起到了促进净出口蕴含能源出口量下降的作用，其他三个因素的变动均使净出口蕴含能源出口量增长。这说明这一期间我国生产技术都没有得到提高，反而有所下降，而结合出口结构进一步偏向高能耗商品以及出口总量的增长使得净出口蕴含能源出口量剧增。

出口在拉动中国经济增长的同时也消耗了大量的能源资源，间接向国外输出了大量能源。根据净出口蕴含能源出口量影响因素的分析结果，中国在制定相关节能政策、出口贸易政策时需要综合考虑间接能源出口所带来的大量能源资源消耗和污染排放问题。可以调整非能源产品出口结构，向以低能耗商品及能源利用率高的商品为主转变；对节能减排技术给予奖励或补贴；加快发展国内传统能源，提高能源自给程度，同时大力发展可再生替代能源。这样可以在一定程度上抑制对直接能源进口的需求，并提高国内的能源利用效率。

4.5　本章小结

在分析我国国际贸易演变特征和国际贸易对能源环境影响的基础上，本章利用经济增长对能源消费的影响效应分析框架，探讨了国际贸易对我国能源消费和环境的影响效应，通过实物价值型能源投入产出表核算了我国进出口贸易中的蕴含能源，系统分析了不同影响因素对我国净出口蕴含能源的影响。

国际贸易作为我国经济增长的重要组成部分，在推动我国经济增长的同时会影响我国国内能源消耗和污染排放。从定性角度分析，国际贸易的规模效应、结构效应和技术效应既可以促使我国能源消费和污染排放增长，也可能使我国能源效率和环保水平提升。从工业固体废弃物排放量和工业二氧化硫排放量这两项指标分析，我国工业制造品出口总额与其共同具有增长趋势；但从我国工业废水排放量和工业化学需氧量分析则和工业制造品出口总额变动趋势不一致。本章基于能源投入产出分析框架，从需求角度分析进出口贸易对能源消费的影响效应。

能源投入产出分析是分析蕴含能源的常用方法，可以准确地核算出口贸易中的蕴含能源，但在计算进口产品蕴含能源时则存在系数选择的分歧。本章采用进口品和国内产品无差别且完全竞争的假设计算进口产品蕴含能源，目的在于计算我国通过进口减少的国内能源消耗量。对进出口贸易蕴含能源的计算结果表明，1992 年至 2007 年我国的出口蕴含能均高于进口隐含能，我国为蕴含能源的净出口国，而且由于贸易顺差的增长，我国蕴含能源的净出口额也不断增长。因此，虽然我国是直接能源净进口国，但是如果考虑非能源品贸易中的蕴含能源则我国是能源的净出口国，且净出口的规模在 1992 年至 2007 期间越来越大。

基于投入产出结构分解分析模型，本章进一步分析了我国净出口蕴含能源的变动影响因素及其在不同阶段的作用机理。能源效率因素，反映为各产业部门直接能源强度的变动，在 1992 年至 2007 年期间均表现为促进我国净出口蕴含能源量的下降。生产技术因素，反映为中间投入技术变动，仅在 1992 年至 1997 年期间表现为促进净出口蕴含能源量的下降，在 1997 年至 2002 年和 2002 年至 2007 年两个阶段均表现为促进净出口蕴含能源量的增长。出口贸易总额变动可以归结为出口贸易的规模效应，该因素一直起着推动净出口蕴含能源量增长的作用。出口贸易结构变动也起着推动净出口蕴含能源量增长的作用，这说明我国出口产品中的单位产值蕴含能源量在不断增长，高能耗产品的比例在增大。进口贸易总额变动，可以归结为进口贸易的规模效应，该因素一直起着降低净出口蕴含能源量增长的作用。进口结构变动，即进口贸易的结构效应，同样起着降低净出口蕴含能源量增长的作用。

总结本章对国际贸易的能源消费影响效应研究，我国的进口贸易，尤其是从技术先进国家和地区进口机械设备等蕴含能源量较大的产品，不仅可以替代我国的能源消耗，提升我国技术水平，减轻能源能源需求压力，对于世界范围而言也有助于优化资源配置，减少全球总能源需求。但从出口贸易分析，制造业是我国蕴含能源出口的主要载体。我国存在通过工业制造产品出口蕴含能源增长过快的问题。因此，尽管我国大量进口石油等资源性产品，但以工业制成品的形式又出口了更多的能源和其他资源。我国在今后的国际贸易中，需要进一步提高本国的能源效率和技术水平，加强能源环境保护力度，防范我国成为“污染天堂”，优化出口贸易结构和减少能源、资源密集型产品出口，通过进口替代降低净出口蕴含能源量。

第5章 投资蕴含能源及产业结构优化的节能效应分析

作为拉动经济增长的“三驾马车”之一，投资在拉动经济增长的同时还可以起到促进产业结构优化升级的作用。但和最终消费、出口对能源消费的影响效应一致，投资规模扩大也将带来能源消费的增长。由于我国处于经济转型期，和发达国家相比，投资对我国经济增长的驱动作用更为重要。和最终消费、出口相比，我国投资更易受宏观政策的影响，此外，政府主导的财政投资可以在降低单位 GDP 能耗和碳强度上起积极作用。与第 3、4 章节类似，基于第 2 章的经济增长对能源消费影响效应分析框架，本章从整体上进一步定量评估国内投资对能源消费的影响效应，并进一步分析国内投资产生的能源消耗在相关行业中的分布，通过测算财政投资对单位 GDP 能耗的影响效应和产业结构优化的节能效应，试图提供制定投资政策和产业结构优化政策的数据支持。

5.1 我国投资蕴含能源变动趋势分析

古典经济增长理论和新经济增长理论中，投资都是推动经济增长的重要因素。我国经济的快速增长很大程度是靠投资推动的。投资的概念可以简单定义为为实现某种经济的或非经济的目标而投入其中的资源和要素的价值量或货币量。保罗萨缪尔森（Paul A. Samuelson）认为投资的意义在于社会实际资本的形成，包括存货的增加或新工厂、房屋和工具的生产，即可以认为各个产业部门房屋、设备和存货的净增加额。本章将从研究投资对能源消费影响问题的角度出发，同时兼顾我国统计数据的一致性，和上述定义一致，将投资界定为各产业部门的存货增加和固定资本形成总额。

投资对经济增长起着直接且显著的推动作用，投资一方面可以直接拉动总需求的扩张，促进各产业部门产出的增加从而带动整个经济系统总产出水平的增长，另一方面是通过形成新的资本为长期的经济增长提供必要的物质和技术基础，如对基础设施的建设等。亚当·斯密（Adam Smith）通过分析投资对各类资本积累的影响及资本的配置对经济增长的影响，提出经济增长由资本的积累和资本的有效配置决定，经济增长的最基本的决定因素是投资增长[①]。投资性支出（基础设施建设等）可以为经济增长提供必要环境，能有效提高 GDP 增长率。尽管在不同经济理论中，投资发挥作用的大小和作用机理各不相同，但投资和经济增长之间的关联关系是肯定的，可以说投资是产出的基础，投资增长是经济保持一定增长的必须。因此，投资已经成为宏观经济调控的主要变量，是产业结构优化升级的重要方式。

作为世界第一大二氧化碳排放国、第二大能源消费国，中国承诺到 2020 年在 2005 年的基础上自主降低二氧化碳强度（单位 GDP 的二氧化碳排放量）40% 到 45%。在“十二五”期间，中国计划通过合理控制能源消费总量，大幅度降低能源消耗强度和二氧化碳排放强度。能源消耗强度和二氧化碳排放强度的降低，是以中国经济增长为前提的。投资、消费与净出口是拉动经济增长的“三驾马车”。和居民消费、出口贸易一致，投资的增长也同样会带来能源消费的增加。而且由于投资的倾向性，在我国

---

① 亚当·斯密：《国民财富的性质和原因的研究》，郭大力、王亚南译，商务印书馆，1975。

经济的转型阶段，投资往往带动着国民经济中建筑业和设备制造业等一些相对高能耗行业的扩张，从而间接带动了能源消费的快速增长。在现阶段，中国经济的增长依然需要投资的相应增加，因此，通过测算投资蕴含能源和分析如何减少投资带来的能源消耗和二氧化碳排放影响，对于实现我国节能减排目标将具有重要的意义。

5.1.1　投资趋势及结构变动

改革开放以来，我国国内投资对 GDP 的年平均贡献率高达 39%，是中国经济持续高速增长的重要驱动力之一（图 5－1）。由于我国正处于工业化和城市化加快发展的经济发展阶段，投资更是对经济增长具有重要影响。作为世界上人口最多的国家，我国有着丰富的劳动力资源，劳动力供给相对充足。对发展中国家来说，作为新增资本存量的投资，是决定整体经济增长的重要因素。投资不仅能够创造需求，而且也是使企业竞争能力和国民经济结构得到提升的主要手段。

改革开放以来受我国经济快速增长的影响，国内全社会固定资产投资也迅速增加。和 GDP 总额演变趋势类似，全社会固定资产投资在 1980 年至 1991 年之间增长比较缓慢，仅由 1980 年的 1600 亿元增长为 1991 年的 4380 亿元（1980 年不变价格），增长 2.5 倍。1991 年之后，全社会固定资产投资开始明显增大，到 2000 年已经突破 1 万亿元（1980 年不变价格），年均增长 9%。2001 年至 2009 年期间，在 2001 年较大的基础上全社会固定资产投资更是一路攀升，到 2009 年已经达到 35732 亿元（1980 年不变价格），年均增长超过 10%，达到 13.3%（图 5－1）。

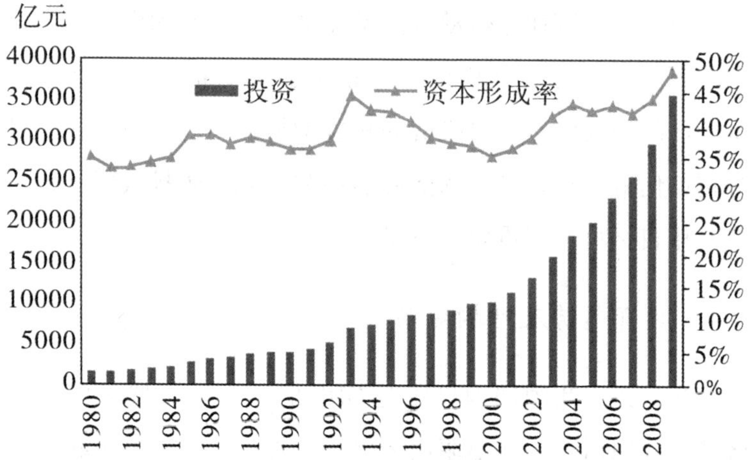

图 5－1　中国投资总额和资本形成率（1980—2009）

注：投资总额采用 1980 年不变价格计算。

数据来源：《中国统计年鉴 2010》。

从我国投资的来源分析，政府财政投资的地位逐步弱化而企业投资主体的地位正日益加强。如图 5－2 所示，财政预算内投资资金占总投资比例不断下降，从 1981 年的接近 1/3（28%）下降到 2009 年的 5%。企业自筹等资金（包括国有企业和非国有企业）是我国投资资金来源的主体，占我国投资总额比例增长迅速，从 1981 年的 55% 增长为 2009 年的 77.4%。国内贷款占我国投资总额比例则有明显的波动，1981 年占 12.7%，到 1992 年达到峰值 27.4%，此后不断下降，到 2009 年占 15.7%。和国内贷款占我国投资总额比例的变动情况类似，外资占我国投资总额的比例由 1981 年的 3.8% 增长为 1996 年的 11.8%，此后又下降至 2009 年的 1.8%。

和投资资金来源结构变动相比，我国投资资金的使用结构在 1981 年至 2009 年期间没有显著的变化。如图 5－3 所示，用于建筑安装工程的投资在这一期间占全社会固定资产投资的比例虽然呈下降趋势，但均在 60% 以上，30 年间下降幅度还不到 10 个百分点。用于设备工具器具购置的投资则在 25% 左右波动，变化幅度较小。但其他费用在这一期间则发生了显著的变化，其他费用的绝对额不断上升，从 80 亿元增加到 5717 亿元，增长了72倍，同时在总投资中的所占比重也从不足5%上升到16%。投资使用结构的变动表明没有获得有效利用的资金金额在不断增大，投资浪费和投资效率损失日益严重。从能源消费的角度也就说明了大量蕴含于投资中的能源也在由于投资效率损失和投资浪费而浪费。

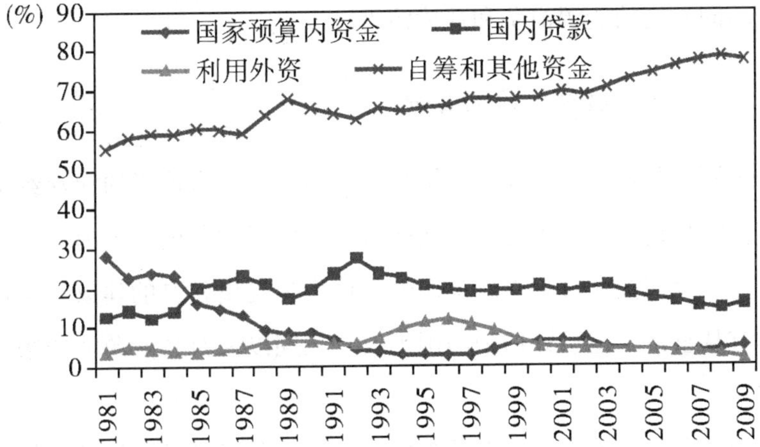

图5-2 中国投资资金的来源结构

数据来源：《中国统计年鉴2010》。

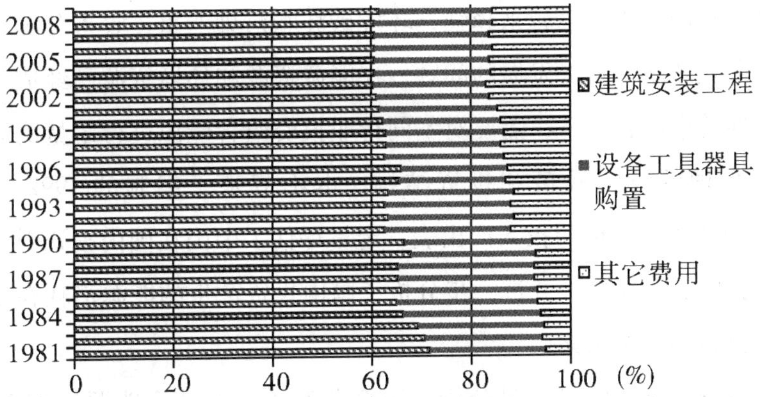

图5-3 中国投资资金的使用结构

数据来源：《中国统计年鉴2010》。

改革开放以来，我国经济高速发展，在世界经济体系中起着越来越大的作用。中国GDP从1980年不到世界GDP的2%，增长到2009年占全球

GDP的10%。然而，中国经济的高速增长也带来能源消费和污染排放的增长。中国已经成为世界第二大能源消费国、第一大二氧化碳排放国。中国经济高速增长的重要驱动因素之一就是巨额投资。投资总量及结构的变动不仅推动着中国经济的发展，也通过不同途径影响着相关能源的消费，并带来了不同程度的能源浪费和环境污染。

5.1.2 投资蕴含能源测算分析

大量研究分析了投资和经济增长的关系，对政府投资的宏观经济效应也从定性定量角度进行了分析。从区域经济发展的角度，国内外学者也就政府在基础设施投资过程中应采取的具体措施提出各自的建议。但现有文献中鲜有从整体上定量评估中国国内投资长期以来对其能源消费增长的驱动作用。

目前，我国正处于高速发展阶段，较高投资率对我国经济增长起着重要的作用。但投资增加的同时必然带来相关行业的发展甚至是过度发展，由此也就产生了大量的能源消耗。同时我国高投资率带来的粗放发展方式也导致了我国资源约束越来越强，环境破坏和污染严重、收入分配不平衡加剧等严峻威胁可持续发展的问题。在能源资源和环境资源已经成为经济发展硬性约束的背景下，需要对不同行业投资蕴含能源进行定量测算分析以确定合理的投资政策和投资结构。本小节基于编制的1992、1997、2002、2007年中国能源投入产出表，定量评估了中国在国内投资对于能源消费增长的驱动作用，并进一步分析了国内投资产生的能源消耗在相关行业中的分布和影响因素。

从投资蕴含能源绝对量分析，1992年我国投资蕴含能源量为3.45亿吨标准煤，1997年增长为4.27亿吨标准煤，2002年为4.75亿吨标准煤，而到2007年则迅速增长为9.5亿吨标准煤。这一结果是受投资总额增长、能源使用效率提高等因素综合作用而产生的。

投资蕴含能源占我国能源消费总量的比例如图5-4所示，1992年至

2002 年期间，投资蕴含能源占我国能源消费总量的比重均小于 1/3，这一比例小于我国最终消费蕴含能源而大于出口贸易蕴含能源所占比重。而到 2007 年，投资蕴含能源占我国能源消费总量的比重则超过 1/3，这说明我国投资带来的能源消费增量显著。

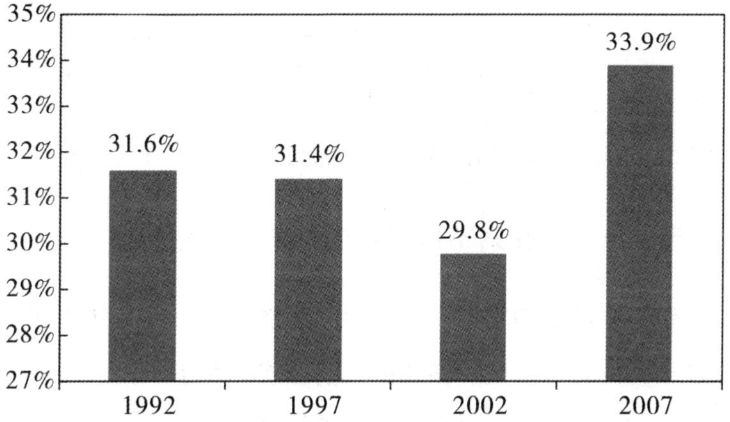

图 5 – 4　投资蕴含能源占当年能源消费总量百分比

从我国投资蕴含能源的产业分布分析，投资带来的能源消费增长集中在少数几个产业部门，如图 5 – 5 所示。投资拉动的能源消费主要集中在建筑业、机械设备制造业和交通运输设备制造业。而近年来这些部门的投资过度扩张，目前已经逐步形成了超出有效需求的新增生产能力，出现了产能过剩的现象。有关研究表明，钢材、铝材、水泥等前几年投资过度扩张的部门都出现了产能过剩、库存积压、价格下降的现象。而这些产业都是高能耗高污染产业，在高投资率特别是工业投资倾向明显的情况下，投资的过度扩张必将导致能耗的增大和污染排放的增加，带来对资源消耗和环境保护的巨大压力。改革开放以来，不恰当投资所造成的环境污染问题日趋严重，一些地方过度开发、不计代价发展的恶果不断暴露，资源约束和环境污染正成为影响经济可持续发展的重要负面因素。

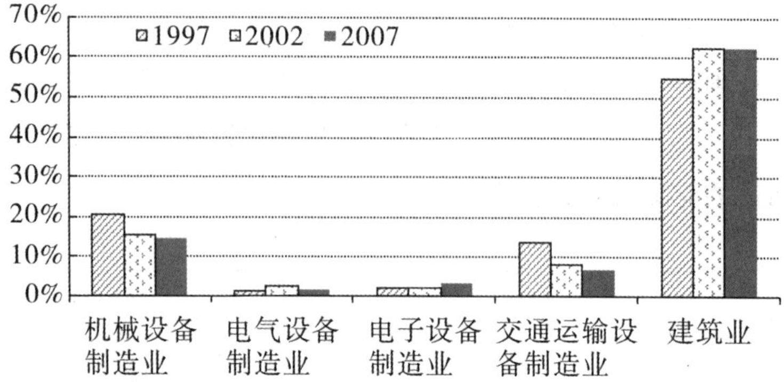

图 5-5 投资拉动的能源消费在各产业间的分布（前五产业）

5.2 产业结构优化对节能减排的影响效应分析

经济政策是指政府为实现一定时期的经济发展目标，从而制定的对经济活动施加干预的行为准则。在我国当前经济体制下，投资主体的投资行为、投资领域和投资活动均受到经济政策控制或影响。由于我国处于经济快速发展阶段，经济政策在很大程度上具有灵活性，而经济政策不仅能够促使投资效应很快地显现并对投资效应产生较大影响，还会影响投资的方向和产业分布，进而对我国的能源消费产生显著影响。

我国已经向国际社会承诺在 2006 年至 2020 年期间降低单位 GDP 二氧化碳排放量 40% 至 45%，国务院常务会议于 2009 年 11 月提出将 2020 年单位 GDP 的二氧化碳排放比 2005 年下降 40% 至 45% 作为约束性指标纳入国民经济和社会发展中长期规划。产业结构不仅是影响单位 GDP 能耗的重要因素，也是影响单位 GDP 二氧化碳排放量的重要因素。在国民经济体系中，由于不同产业部门的单位产值能源消费相差很大，简单来说，第二产业的直接能源强度远大于第一产业和第三产业的直接能源强度。因此，产业结构的变动，即构成国内生产总值组成各产业的比重的改变，将影响综合性能耗指数、单位 GDP 能耗。

尽管近年来我国产业结构发生了一些积极变化，促进了单位 GDP 能耗和单位 GDP 二氧化碳排放量的下降，但目前我国结构不合理的问题仍然突出，第三产业比重偏低，高耗能工业增速较快。一方面我国的水泥、钢铁等高能耗产业存在产能过剩的局面，而另一方面我国经济转型发展阶段的基础设施建设依然需要大量钢铁、水泥，这将不可避免地带来排放总量的增加。因此，分析我国如何通过投资促使产业结构优化，进而使国民经济各部门相互平衡，保持一定比例的条件下而使得单位 GDP 能耗达到最优，对实现我国 2020 年单位 GDP 的二氧化碳减排目标具有重要意义。

5.2.1　能源投入产出分式规划模型

投入产出表可以全面反映国民经济各部门之间的经济联系和生产技术关联关系。因此，能源投入产出分式规划模型是在投入产出模型和分式规划方法的基础上，将两者有机结合，将各部门对能源产品的消耗利用与各部门之间复杂的完全关联关系，体现在投入产出分式规划模型中。模型可以最终求解出单位 GDP 能耗的最优值，以及如何在国民经济各部门保持比例相互平衡的条件下，使单位 GDP 能耗达到最优的能源产品分配计划。本小节以 2007 年能源投入产出表数据为基础，构建了 42 部门的能源投入产出分式规划模型。

能源投入产出分式规划模型如下：

目标函数：$$Min\ e = \frac{CX + Q}{VX} \tag{5-1}$$

约束条件：$$AX + B \leq X \tag{5-2}$$

$$L \leq X \leq U \tag{5-3}$$

$$CX + Q \leq S \tag{5-4}$$

式中：

X—— 总产出向量；

B—— 最终使用（含净出口）向量；

L—— 总产出下界向量；

U—— 总产出上界向量；

S—— 可以使用的能源总额；

V—— 增加值系数向量；

C—— 直接消耗系数向量。

模型中，约束条件(2) 为投入产出技术经济约束；约束条件(3) 反映的是各部门总产出约束，总产出的下边界 L 采用 2007 年能源投入占用产出表中各部门的实际总产出，X 的上界 U 则采用根据各部门平均增长速度和各部门的总产出实际数据计算出的模拟数值；约束条件(4) 是能源资源的供给约束，即各类能源的消费量之和不得超过当年可供给总额。

模型优化目标要求 e 即单位 GDP 能耗取得最小值。在分式规划模型中，则为模型中的分母($GDP = VX$) 取极大值，同时分子(能源消费总量，各部门的能源消费总量 CX 和居民生活能源消费量 Q 之和) 取极小值。

本小节的能源投入产出分式规划模型是使国民经济各部门相互平衡，保持一定比例的条件下，当各种能源可供给总额一定的情况下，如何通过能源的优化配置，达到在当年的单位 GDP 能耗最小化的目标下，单位 GDP 能耗值、能源的最优配置计划，以及最大化 GDP 的数值。结合该年统计数据，包括：单位 GDP 能耗、各部门能源需求量和总产出、GDP 值，探讨通过产业结构调整实现单位 GDP 能耗降低的可行性。

根据 Charnes – Cooper 方法，引进变量如下：

$$Z = \frac{1}{VX} \tag{5-5}$$

$$Y = ZX \tag{5-6}$$

原 LFP 问题转化为 LP 问题：

目标函数：$Min\ e = CY + QZ$ (5 – 7)

约束条件： $AY + BZ \le Y$ (5 – 8)

$$LZ - Y \le 0 \tag{5-9}$$

$$Y - UZ \le 0 \tag{5-10}$$

$$CY + ZQ \le ZS \tag{5-11}$$

$$VY = 1 \tag{5-12}$$

由于该模型数据量较大，需要使用由世界银行开发的通用代数建模系统（General Algebraic Modeling System，GAMS）软件来对这一模型进行求解。笔者利用 2007 年能源投入产出表数据，计算出投入产出分式规划模型的参数，进行模型测算分析。

5.2.2　各产业对经济增长的重要性分析

已有的研究中，对经济增长总量和投资总量之间的相关性、投资对经济增长的贡献从各个角度采用不同的模型进行了大量的研究。但较少研究分析了不同产业部门在经济增长中的重要性，尤其是通过定量模型对不同部门在经济体系中的作用进行测算分析。投入产出分析中，是通过计算影响力系数和感应度系数来分析国民经济各部门的联系和影响，进而判断各部门在国民经济中的地位和作用。

从基本的列昂惕夫投入产出模型出发，各部门总产出可以采用中间投入和最终需求的加和表示，如公式 5 - 13 所示。其中最终需求向量 Y 可以视为外生变量，即由最终需求向量决定各产业部门的总产出。

$$X = AX + Y$$

$$(I - A)^{-1} = B$$

$$Y = BX \tag{5-13}$$

式中：

X—— $n \times 1$ 总产出向量；

A—— $n \times n$ 直接消耗系数矩阵；

B—— $n \times n$ 列昂惕夫逆矩阵，等于 $(I - A)^{-1}$，其元素为 $\bar{b}_{ij}$（i，j = 1，2，……，n）；

Y—— $n \times 1$ 最终需求向量。

传统投入产出分析中，一个产业部门的运作需要其他部门提供生产资料与生活资料，而该部门提供的产品或服务也是其他部门生产活动的基础，因此多采用赫希曼－拉斯穆森（Hirschman－Rasmussen）影响力系数反映国民经济某一个部门增加一个单位最终使用时，对国民经济各部门所产生的生产需求波及程度。某一产业的影响力系数值越大，则表示第该产业对其他产业的拉动作用越大，需要保持这一产业的快速稳定增长，进而促进整个国民经济的协调发展。影响力系数 F_j 的计算公式为：

$$F_j = \sum_{i=1}^{n} \bar{b}_{ij} / \frac{1}{n} \sum_{i=1}^{n} \sum_{j=1}^{n} \bar{b}_{ij} \qquad (j = 1,2,\cdots\cdots,n) \qquad (5-14)$$

式中：

$\sum_{i=1}^{n} \bar{b}_{ij}$——列昂惕夫逆矩阵的第 j 列之和；

$\frac{1}{n} \sum_{i=1}^{n} \sum_{j=1}^{n} \bar{b}_{ij}$——列昂惕夫逆矩阵的列和的平均值。

但投入产出影响力系数的计算中，存在着进口品也在生产过程中，因此采用“非竞争型”投入产出表的列昂惕夫逆矩阵系数不能准确反映各产业部门在本国经济体系中的重要性。此外，对影响力系数一个重要的批评就是该系数基于各产业部门总产值进行计算分析，无法反映由于不同产业部门产出水平的影响。笔者在圭侯托（Guilhoto，2008）等人研究的基础上，采用产业关联纯系数的方法来进一步分析和衡量各产业部门在经济体系中的地位，从而为产业发展规划提供依据。

首先将根据非竞争型投入产出表，计算直接消耗系数矩阵为：

$$A = \begin{bmatrix} A_{jj} & A_{jr} \\ A_{rj} & A_{rr} \end{bmatrix} = \begin{bmatrix} A_{jj} & A_{jr} \\ A_{rj} & 0 \end{bmatrix} + \begin{bmatrix} 0 & 0 \\ 0 & A_{rr} \end{bmatrix} = A_j + A_r \qquad (5-15)$$

式中：

A_{jj}——为 A 矩阵中第 j 部门自身的直接消耗系数矩阵；

A_{rj}——为 A 矩阵中第 j 部门对其他部门的直接消耗系数矩阵；

A_{rr}——为 A 矩阵中其他部门自身的直接消耗系数矩阵；

A_{jr}——为 A 矩阵中其他部门对第 j 部门的直接消耗系数矩阵；

A_j——从经济系统中独立出来的第 j 部门；

A_r——从经济系统中独立出来的其他部门。

公式5－15可以推导出：

$$B=(I-A)^{-1}=\begin{pmatrix}B_{jj} & B_{jr}\\ B_{rj} & B_{rr}\end{pmatrix}=\begin{pmatrix}\Delta_{jj} & 0\\ 0 & \Delta_{rr}\end{pmatrix}\begin{pmatrix}\Delta_{j} & 0\\ 0 & \Delta_{r}\end{pmatrix}\begin{pmatrix}I & A_{jr}\Delta_{r}\\ A_{rj}\Delta_{j} & I\end{pmatrix} \tag{5-16}$$

式中：

$$\Delta_j=(I-A_{jj})^{-1}$$

$$\Delta_r=(I-A_{rr})^{-1}$$

$$\Delta_{jj}=(I-\Delta_j A_{jr}\Delta_r A_{rj})^{-1}$$

$$\Delta_{rr}=(I-\Delta_j A_{rj}\Delta_j A_{jr})^{-1}$$

由此可知纯后向影响力系数（Pure Backward Linkage，PBL）和纯前向影响力系数（Pure Forward Linkage，PFL）可以定义为：

$$PBL=\Delta_r A_{rj}\Delta_j Y_j$$

$$PFL=\Delta_j A_{jr}\Delta_r Y_r$$

纯后向影响力系数（PBL）反映某一产业部门受经济系统中其他产业部门的纯影响，不包括国际贸易在其中的作用且不包括其他产业部门的反馈作用。纯前向影响力系数则反映某一产业部门对经济系统中其他产业部门的纯影响。与赫希曼和拉斯穆森（Rasmussen，1956；Hirschman，1958）提出的影响力系数相比，纯后向影响力系数和纯前向影响力系数可以相加成为总纯影响力系数（Pure Total linkage，*PTL*）。

$$PTL=PBL+PFL \tag{5-17}$$

和影响力系数一样，纯后向影响力系数、纯前向影响力系数和总纯影响力系数可以进行标准化，以对不同产业部门对经济系统影响力的大小排序。

$$PBLN_i=PBL_i/\left(\sum_{i=1}^{n}PBL_i/n\right) \tag{5-18}$$

$$PFLN_i = PFL_i / (\sum_{i=1}^{n} PFL_i / n) \quad (5-19)$$

$$PTLN_i = PTL_i / (\sum_{i=1}^{n} PTL_i / n) \quad (5-20)$$

为计算纯后向影响力系数、纯前向影响力系数和总纯影响力系数，笔者根据国家统计局编制的1992年124部门表、1997年124部门表、2002年124部门投入产出表、2007年135部门投入产出表部门划分的对应关系，从简洁性出发，采用Matlab7.0软件分别进行行合并和列合并，将4年的投入产出表统一为26部门。部门名称和部门编码见表5-1。

表5-1　纯影响力系数部门分类及部门代码

编码	部门名称	编码	部门名称
1	农业	14	橡胶塑料制品业
2	煤炭、石油和天然气采选业	15	设备制造业
3	金属矿产采选业	16	电气设备制造业
4	金属冶炼及压延加工业	17	电子设备制造业
5	非金属矿产采选业	18	交通运输设备制造业
6	食品饮料加工业	19	其他制造业
7	纺织业	20	电力、燃气和供水业
8	服装鞋帽制造业	21	建筑业
9	木材与家具制造业	22	交通运输业
10	造纸业	23	批发和零售业
11	石油及煤炭加工业	24	金融保险业
12	化学原料及化学制品制造业	25	房地产业
13	医药制造业	26	其他服务业

上述投入产出表编制过程中采用了“非竞争型”投入产出表的编制方

法，将进口品从中间投入矩阵中提出，单独形成一行。笔者在此基础上，计算了各部门的纯后向影响力系数、纯前向影响力系数和纯总影响力系数，结果见图5－6至5－8。从纯后向影响力系数分析，1992年至2007年期间建筑业、其他服务业、食品与饮料制造业、服装鞋帽制造业和设备制造业均为重要产业。这一期间电气设备制造业、电子设备制造业、交通运输设备制造业和其他制造业的重要性有所提升，农业、纺织业和食品与饮料制造业的重要性则有所下降。从纯前向影响力系数分析，中国经济体系中的关键产业为建筑业、其他服务业、农业、金属冶炼及压延加工业、化学原料及化学制品制造业、设备制造业、交通运输设备制造业和服装鞋帽制造业；农业、非金属矿产采选业、纺织业和食品与饮料制造业的重要性呈下降趋势。

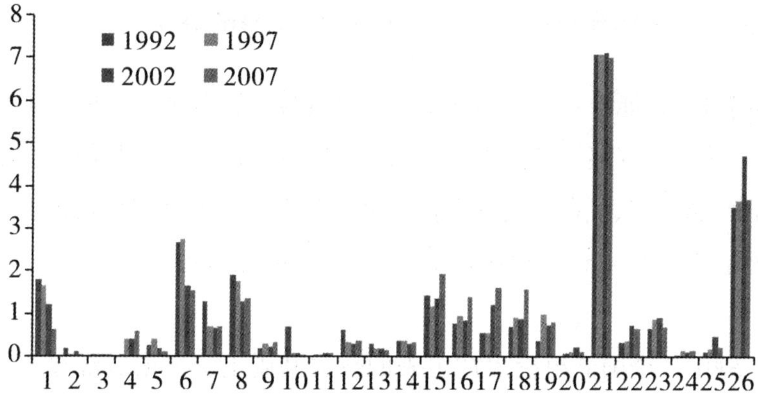

图5－6　各部门的纯后向影响力系数（1992—2007）

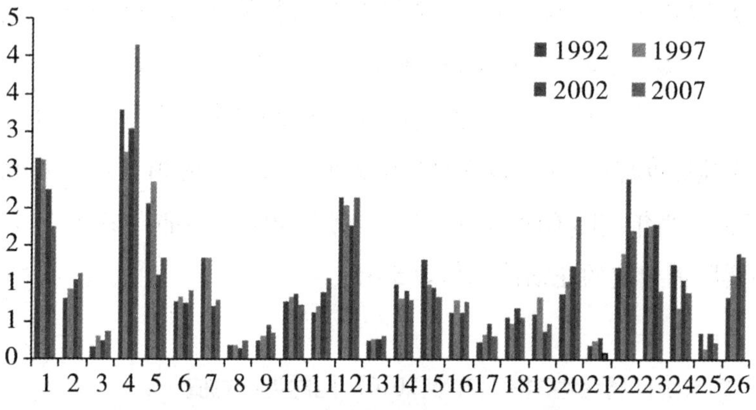

图5－7　各部门的纯前向影响力系数（1992—2007）

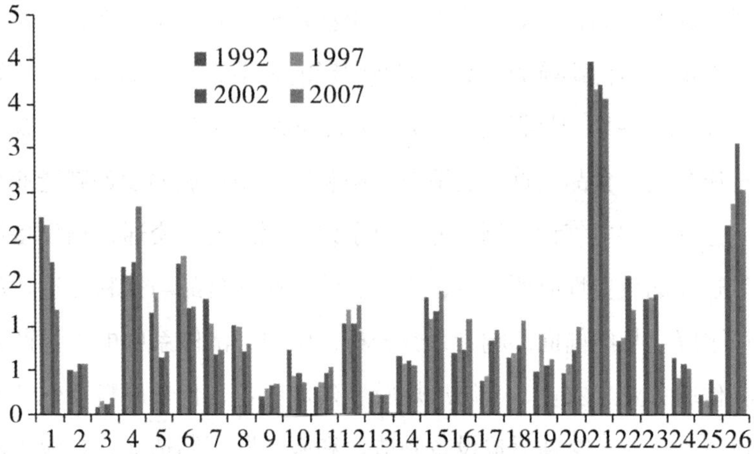

图 5 - 8　各部门的纯总影响力系数（1992—2007）

5.2.3　产业结构调整对单位 GDP 能耗影响分析

实物价值型能源投入产出表不仅可以直接测算各类产品或服务生产过程中的直接和间接能源消费效应，还可以测算能源产业与其他非能源产业之间完全关联关系。在此基础上，采用能源投入产出分式规划模型可以研究产业结构优化对节能减排的影响效应，并给出每个产业的产值调整目标。

在 2007 年全国能源投入产出表的数据基础上，根据能源投入产出分式规划模型计算出的最优 GDP 为 270408.8 亿元，最优能耗（电热当量计算法）为 273653.7 万吨标准煤，最优目标函数值 e（万元 GDP 能耗）为：1.012 吨标准煤/万元。我国 2007 年实际 GDP 值为 265810.3 亿元[①]，实际能耗为 280508 万吨标准煤[②]，据此计算出的 2007 年中国万元 GDP 能耗值为 1.055 吨标准煤/万元，最优目标函数值相对于实际值下降了 4.1%；最优 GDP 值比当年实际 GDP 高 1.73%，测算能源在各部门最优值与实际在各部门实际消费值的变动情况如表 5 - 2。

---

① 国家统计局《中国统计年鉴 2010》国内生产总值。

② 国家统计局《中国统计年鉴 2010》2007 年能源消费总量。

由能源投入产出分式规划模型计算结果可以看出，产业结构对单位 GDP 能耗起着重要的影响。同时各产业在国民经济系统中有着不同的重要性、对 GDP 增长的促进作用和对能源消耗的影响也存在差异，因此不同产业的产出变动对单位 GDP 能耗的作用和影响也有着较大差异。模型测算结果说明，高能耗部门中，黑色金属冶炼及压延加工业（钢铁行业等）和非金属矿物制品业（建筑材料行业）总产出的下降，对实现整个经济系统的低能耗增长有着积极的促进作用。结果表明，在这两个部门总产出减少比较小的情况下，促使其他部门的总产出较大增长，尤其是农业部门和第三产业中的低能耗部门的增长，可以最终在整体经济系统中实现低能耗高增长。从宏观经济政策角度分析，如果采用科学的投资政策，合理引导产业结构的调整方向，则能够有效地实现低能耗高增长。

表 5－2　各部门总产出优化值与实际值

部门编号	总产出原值（万元）	总产出优化值（万元）	能源消费原值（万吨标准煤）	能源消费优化值（万吨标准煤）	总产出变动（%）
1	488929999.9	488929999.9	6228.4	6228.4	0.0000
2	191799403.7	191799403.7	11921.1	11921.1	0.0000
3	61493459.45	61493459.45	2159.2	2159.2	0.0000
4	826530640.6	820001048.6	63906.8	63401.9	－0.7900
5	228043740.3	225808683.6	24146.8	23910.1	－0.9801
6	417903946.7	417903946.7	5334.1	5334.1	0.0000
7	251973509.1	251972702.7	6528.3	6528.3	－0.0003
8	180725774.1	180725784.8	1099.1	1099.1	0.0000
9	109939305.8	109939339.4	1046.5	1046.5	0.0000
10	120242128.9	119591619	4180.5	4157.9	－0.5410
11	179150122.9	178363653.8	13445.3	13386.3	－0.4390

（续表）

部门编号	总产出原值（万元）	总产出优化值（万元）	能源消费原值（万吨标准煤）	能源消费优化值（万吨标准煤）	总产出变动（%）
12	414019142.8	413965320.3	30196.2	30192.3	-0.0130
13	70974148.86	70916503.23	1261.4	1260.4	-0.0812
14	166583153.7	166570160.2	2957.7	2957.4	-0.0078
15	394865917.2	394865917.2	4228.7	4228.7	0.0000
16	271550145.8	271550186.2	1557.0	1557.0	0.0000
17	411902530	411902587.9	1995.0	1995.0	0.0000
18	329784416	330011987	2467.6	2469.3	0.0690
19	183378601.6	183378605.1	1635.3	1635.3	0.0000
20	337731041.3	337728977.8	20339.5	20339.4	-0.0006
21	627217352.1	627217352.8	4127.5	4127.5	0.0000
22	401249567.8	401276331.1	21959.2	21960.6	0.0067
23	288325410.5	291283917.6	5689.4	5747.8	1.0261
24	194810240.1	196764556.9	370.1	373.9	1.0032
25	147746231.8	147746246	1344.5	1344.5	0.0000
26	891719689.3	906227968.6	9443.6	9597.2	1.6270

在通过投资引导政策、促进产业结构调整升级的过程中，不仅需要分析各个产业创造的产值和GDP大小，还需要分析该产业在经济系统中的重要性，即该产业是否能成为经济增长的推动力以及该产业与其他产业的关联程度。根据能源投入产出分式规划模型，笔者测算出的应适度缩小规模的几个主要部门为：金属冶炼及压延加工业（钢铁、铜、铝等材料及制品）和非金属矿物制品业（玻璃、陶瓷及其他建筑材料产品）、造纸业、

石油及煤炭加工业和化学原料及化学制品制造业；需要扩大产能的产业主要为直接能耗较低的制造业及服务业，如交通运输设备制造业、批发与零售业、金融保险业和其他服务业。

从1992、1997、2002、2007四年的产业重要性分析可知，金属冶炼及压延加工业四年的纯后向影响力系数和纯前向影响力系数均大于1，由此可知这个部门在国民经济发展中的重要性较大，对国民经济发展有较大的带动作用和较强推动能力。因此，在产业政策层面应该对这个部门采用能效激励政策，促进该行业内主要企业加强技术创新、改造机械设备、降低单位产值能耗。而非金属矿物制品业（建筑材料）在经济系统的重要性相对较低，在促进这个行业的企业进行技术改造创新的同时，更应该适当压缩产能。而模型测算结果中，可以增大生产规模的部门中，交通运输设备制造业在经济系统中起关键作用，批发与零售业、金融保险业和其他服务业等第三产业产值的增长，可以促进产业结构升级。模型结构说明这些部门在我国经济可持续发展中有着较强的带动作用和推动作用，对这些行业应当采用适当的政策扶持，鼓励这些行业发展，从整体上实现消费用较少的能源取得更多的GDP增长的效果。

结合能源投入产出分式规划模型测算结果与各产业对经济增长的重要性分析可以得出，不同的部门在国民经济发展的重要性不同，对国民经济的协调发展所起作用不同。因此，在通过行业结构调整，实现低能耗增长的宏观政策中，应当根据不同行业的特点，制定相应的行业政策，采用不同的调整方式，才能保证国民经济平稳协调可持续发展。

5.3　本章小结

本章在分析投资变动趋势的基础上，系统测算了我国历年投资蕴含能源及其在各产业的分布；考虑到投资对产业结构优化的促进作用，进一步基于能源投入产出分式规划模型和产业关联关系分析研究产业结构优化对节能降耗的影响。

我国全社会固定资产投资长期以来对 GDP 的年平均贡献率高达 39%，是驱动中国经济持续高速增长的重要驱动力之一。由于我国正处于工业化和城市化加快发展的经济发展阶段，投资更是对经济增长具有重要影响。但从我国投资资金使用结构分析，投资总额中没有获得有效利用的资金金额在不断增大，投资浪费和投资效率损失日益严重，这也从能源消费的角度说明了大量蕴含于投资中的能源也在由于投资效率损失和投资浪费而浪费。

基于能源投入产出分析框架，本章测算了投资蕴含能源，1992 年我国投资蕴含能源量为 3.45 亿吨标准煤，1997 年增长为 4.27 亿吨标准煤，2002 年为 4.75 亿吨标准煤，而到 2007 年则迅速增长为 9.5 亿吨标准煤。从投资蕴含能源占我国能源消费总量的比例分析，1992 年至 2002 年期间，投资蕴含能源占我国能源消费总量的比重均小于 1/3，这一比例小于我国最终消费蕴含能源而大于出口贸易蕴含能源所占比重。而到 2007 年，投资蕴含能源占我国能源消费总量的比重则超过 1/3，这说明我国投资带来的能源消费增量显著。

本章结合使用分式规划和能源投入产出分析技术，构建了能源投入产出分式规划模型，考虑到国民经济系统中各部门生产过程中所形成的直接和间接的相互依存、相互制约的经济联系的前提，在保持各个产业间完全联系和各部门相互平衡的条件下，求解最优单位 GDP 能耗和各部门产值调整计划。由于系统的产业结构调整、升级方案需要同时考虑各产业对经济增长的重要性，本章在传统的赫希曼 - 拉斯穆森（Hirschman - Rasmussen）影响力系数基础上，采用产业关联纯系数的方法进一步分析和衡量各产业部门在经济体系中的地位，从而为产业调整方案提供依据。基于能源投入产出分式规划模型测算结果和产业关联纯系数测算结果，本章得出产业结构调整在降低单位 GDP 能耗上起着显著效应的定量分析结论，并进一步根据各产业重要性的分析结果，提出对不同的产业应当有着不同的调整方式。

本章研究结论补充了投入产出投资影响分析模型方面的相关研究，为产业结构升级、调整等领域提供了一个有用的政策分析工具，对政府通过制定财政投资政策等宏观经济政策，进行产业结构调整、降低单位 GDP 能耗，实现国民经济平稳可持续发展提供了有益的参考。本章需要进一步完善的是分析产业结构调整在固定资产投资和就业问题上的效应，考虑价格对供需的影响，增强实际操作性。

第6章

中国产业间能源消费关系研究

在第 2—5 章对能源经济系统中蕴含能源消费量的全面测度与分析的基础上，本章尝试从部门维度进一步分析产业间的能源消费关系，以完善对宏观能源消费系统的分析。自改革开放以来，我国能源消费总量从 1978 年的 5.7 亿吨标准煤增加到 2014 年的 42.6 亿吨标准煤，增长了 645.5%，其中，大约 90% 的能源消耗来自煤炭和石油。因此，在中国能源短缺和环境污染问题日渐严重的形势下，研究部门间能源消费的关系，对中国能源消费结构的调整和提高人居环境，以实现可持续发展的战略目标具有重要意义。

6.1 国内外研究状况

Leontief 和 Ford（1972）最先引用投入产出方法计算美国能源消费污染排放并提供能源政策，此后，投入产出方法在能源和环境问题上广为应用。Miller 和 Blair（1985）不仅利用投入产出方法分析能源使用和环境问题，而且对行业活动中能源投入和污染排放进行定量分析。Yabe（2004）基于投入产出表分析了 1995 年、1998 年、2001 年和 2006 年日本能源强度和 CO_2 排放因子的变动。Madlener 和 Sunak（2010）利用投入产出法发现城市的各种机制导致了能源的显著增加，而且这些影响机制在发展中国家和发达国家间的差异很大。Ali 和 Nitivattananon（2012）论证了巴基斯坦的拉合尔市行政区城市化水平提高增加了能源消费与二氧化碳排放量，其原因是城镇化导致了该地区农业和种植区面积减少。也有中国学者运用投入产出方法分析中国的能源消费问题，刘洪涛（2010）系统分析了中国最终需求变动对能源消费的影响效应，并研究了中国的国际贸易中隐含的能源消耗。陈琳（2013）等利用投入产出模型分析了中国能源消费碳排放变化的影响因素。

生态网络分析方法是分析生态系统主要组成要素间作用关系、从整体上辨识系统内在属性的一种分析方法，突出整体性、系统性，注重系统的结构与功能关系研究。1973 年，Hannon 首次使用经济学中的投入—产出模型提出生态网络分析方法，1976 年 Patten 发表了生态网络分析方法的论文，标志着该方法的形成。自此之后，生态网络分析方法的研究取得重大进展，广泛应用到各种系统的研究、设计中。Patten 和 Masahiko（1990）等研究了具有物质存储行为的生态网络的属性，并以美国卡罗莱纳州的牡蛎暗礁生物群落作为研究对象，进行了实证分析。Nandan U 和 Ukidwe（2008）采用网络分析方法研究了化学工业的生态产业问题。中国学者 Li Y（2009）运用生态网络分析方法对黄河流域水资源利用情况进行了研究。中国学者张妍（2009）等使用 ENA 分析了中国北京、上海、天津和重庆 4 个城市能源代谢系统和系统结构特征。

从整体上看，现有的关于投入产出法方面的研究主要集中于对能源消费影响因素的研究，缺乏对能源消费量本身的研究，更重要的是产业间的能源消费关系对能源消费量有着较大的影响。而生态网络分析方法主要集中于对各种系统的研究、设计，对产业间能源消费关系的研究较少。因此，笔者将投入产出法与生态网络分析方法相结合，构建基于投入产出方法的生态网络分析模型，研究产业部门蕴含的能源消费量和产业间的能源消费关系，以促进中国的能源结构调整，实现可持续发展的战略目标。

6.2 模型与数据来源

6.2.1 投入产出模型构建（I－O）

投入产出分析方法从地区或部门间的数量结构关系描述和揭示经济体系循环运行方式，主要走的是一条依靠数量（生产技术）关系调节经济结构的路径。该方法可用于区分部门直接能源消费量和间接能源消费量。从水平方向看，可得下式：

$$x_i = \sum_{j=1}^{n} X_{ij} + y_i \tag{6-1}$$

其中，x_i 表示部门总产出；n 表示部门数量；X_{ij} 表示从第 j 部门生产中对第 i 部门所消耗的价值量；y_i 表示第 i 部门的最终需求向量。

直接消耗系数矩阵计算如下：

$$A = \frac{X_{ij}}{x_i} \tag{6-2}$$

合并（6－1）式和（6－2）式可得：

$$x = (I - A)^{-1} y \tag{6-3}$$

x 表示部门总产出向量；I 是单位矩阵；y 表示最终需求向量；$(I - A)^{-1}$ 即列昂惕夫逆矩阵。

第 i 部门的能源消费强度可表示如下：

$$e_i = \frac{E_i}{x_i} \tag{6-4}$$

E_i 表示第 i 部门的能源消费总量；e_i 表示第 i 部门的能源消费强度。

由此，可计算出直接能源消费量和间接能源消费量，表示如下：

$$E_D = \sum_{i=1}^{n} E_i \tag{6-5}$$

$$E_I = \sum_{i=1}^{n} [e_i (I - A)^{-1} x^T] - E_D \tag{6-6}$$

其中，E_D 表示直接能源消费量；E_I 表示间接能源消费量。

6.2.2　生态网络分析（ENA）

一个工业系统可以用类似自然生态系统的能源交换进行分析，生态网络分析方法可以从系统的角度来展示每一个经济部门被其他经济部门的控制程度，并由此发现其中的主导部门。基于生态网络分析方法，我们可以描述一对节点之间的利用、控制、竞争或者互助关系。建立如下模型：

$$T_i = \sum_{j=1}^{n} f_{ij} \tag{6-7}$$

其中，f_{ij} 表示从第 j 部门流向第 i 部门的能源价值量；T_i 表示第 i 部门的总流入量。那么，从第 j 部门流向第 i 部门的直接效用强度可按如下方式计算：

$$d_{ij} = \frac{(f_{ij} - f_{ji})}{T_i} \tag{6-8}$$

由此，可得各个部门间的直接效用强度矩阵 D，那么整体效用强度矩阵 U 可计算如下：

$$U = (u_{ij}) = D_0 + D_1 + D_2 + D_3 + D_k = (I - D)^{-1} \tag{6-9}$$

D_0 表示各个部门能源流的自反馈矩阵；D_1 表示长度为 1 的任意两个部门间的直接效用强度矩阵；D_2 表示长度为 2 的任意两个部门间的间接效用强度矩阵；$D_k(k > 1)$ 表示长度为 k 的任意两个部门间的间接效用强度矩阵；U 表示部门间的整体效用强度矩阵。

那么，我们可以根据矩阵 U 中各元素的符号看出任意两个部门间的能源消费关系。令 su_{ij} 为矩阵 U 中的元素，那么由 su_{ij} 构成的矩阵记为效用符号矩阵 $sgn(U)$。如果 $(su_{ij}, su_{ji}) = (+, -)$，则第 i 部门利用第 j 部门，这意味着第 i 部门能从第 j 部门处获益；相反，如果 $(su_{ij}, su_{ji}) = (-, +)$，则第 i 部门被第 j 部门利用，或者说是第 i 部门控制第 j 部门。这两种关系有利于工业系统的早期发展，因为它能够加快副产品的交换。尽管在短期内两个部门中有一个部门在某种程度上可能获益，另一个部门会遭受损失，但是系统的整体效益在长期内会得到增长。如果（su_{ij},su_{ji}）=（–，–），那么两个部门间是竞争关系。虽然从短期来看这是一种消极关系，但是竞争关系能够有效地促进系统的长期发展，因为它有利于两个部门的能源使用效率的提高以寻找部门间的合作机会。如果（su_{ij},su_{ji}）=（+，+），则两个部门间是共生关系，这两个部门都可以从其互动中获利。在实际情况下，（su_{ij},su_{ji}）=（0,0）的情况基本不会出现，因为两个部门或多或少的会存在直接或间接的联系。因此，笔者只考虑部门间的三种关系：互助、利用（包括控制）以及竞争关系。

则有：

$$M = \frac{S_+}{S_-} \tag{6-10}$$

其中，M 为共生指数，表示整个能源消费体系各产业间的共生情况，S_+ 表示整体效用强度矩阵中符号为“+”的元素的个数，S_- 表示整体效用强度矩阵中符号为“–”的元素的个数。如果 $M > 1$，这说明正元素的个数大于负元素，整体表现出绝对共生；如果 $M < 1$，这说明正元素的个数小于负元素，那么整体的共生程度相对较低。

通过效用符号矩阵 $sgn(U)$，可以得出每个产业部门在整个能源消费结构中所处的位置，得出其层级结构。如果（su_{ij},su_{ji}）=（+，–），那么第 i 部门的等级高于第 j 部门；如果（su_{ij},su_{ji}）=（–，–），那么第 i 部门和第 j 部门处于同一级别；如果（su_{ij},su_{ji}）=（+，+），那么第 i 部门和第 j 部门不一定处于同一级别，但是处于相近的等级。当这种方法不能判定部门等级或者判定过程中出现矛盾时，可以运用部门间的关系加以判断：利用（控制）关系高于竞争关系，竞争关系高于共生关系。

6.2.3 数据来源与处理

投入产出表选取了国家统计局编制发布的 2012 年的 139 部门投入产出表。为了更好地理解系统中的能源流动，并突出具有高能源强度的关键部门，笔者将 139 部门的投入产出表整合为 29 个更大的部门，如表 6－1 所示。能源消费数据来自国家统计局历年《中国能源统计年鉴》和《中国统计年鉴》，还有部分数据来源于国家统计局和相关的科学报告。

表 6－1　整合后的 29 个产业部门

产品部门	代码	产品部门	代码
农林牧渔产品和服务	1	通用、专用设备制造	16
煤炭采选产品	2	交通运输设备	17
石油和天然气开采产品	3	电器机械和器材	18
金属矿采选产品	4	通信设备、计算机和其他电子设备	19
非金属矿和其他矿采选产品	5	仪器仪表	20
食品和烟草	6	其他制造产品	21
纺织品	7	废品废料	22
纺织服装鞋帽皮革羽绒及其制品	8	电力、热力的生产和供应	23
木材加工及家具	9	燃气生产和供应	24
造纸印刷及文教用品	10	水的生产和供应	25
石油加工、炼焦及核燃料加工品	11	建筑	26
化学产品	12	批发、零售，住宿和餐饮	27
非金属矿物制品	13	交通运输、仓储和邮政	28
金属冶炼及压延加工品	14	其他行业	29
金属制品	15		

6.3 研究结果分析

6.3.1 直接和间接能源消费分析

根据式（6－5）和式（6－6）可以计算出29个产业部门的直接和间接能源消费量，如图6－1所示。从图中可以很明显地看出部门的直接能源消费量低于间接能源消费量，29个部门的间接能源消费量占其总能源消费量的74%，直接能源消费量占26%，这说明直接能源消费并不能体现能源整体消费，需要考虑间接能源消费量的影响。从计算结果可以看出，“建筑业”以11.5亿吨标准煤的间接能源消费量位列第一，“金属冶炼及压延加工业”和“化学产品制造业”分别以10.5亿吨标准煤和9.5亿吨标准煤的间接能源消费量紧随其后，说明这三个部门生产的产品有很大部分用于其他部门，被其他部门消费。“废品废料”“水的生产和供应业”以及“燃气的生产和供应业”这三个部门的间接能源消费量最低，与其他部门相比几乎可以忽略不计。与间接能源消费类似，“金属冶炼及压延加工业”“化学产品制造业”和“交通运输、仓储和邮政业”是直接能源消费量最高的三个部门。“金属冶炼及压延加工业”的直接能源消费量为7.4亿吨标准煤，“化学产品业”和“交通运输、仓储和邮政业”的直接能源消费量分别为4.4亿吨标准煤和3.2亿吨标准煤，表明这三个部门的产品在生产过程中要消费大量的原材料等，造成直接能源消费量过高。“废品废料”“仪表仪器”以及“燃气的生产和供应业”这三个部门的直接能源消费量最低，几乎可以忽略。

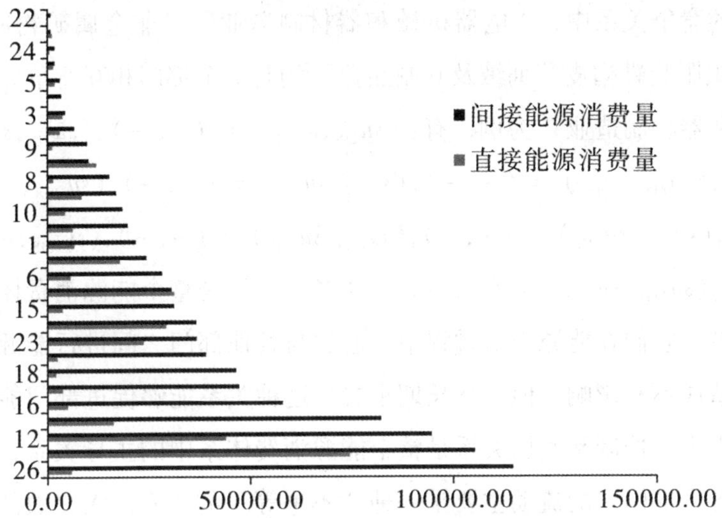

图6-1 29个部门直接和间接能源消费量

6.3.2 产业部门之间的能源消费关系

根据式（6-8）和式（6-9）可以计算出产业部门的直接效用强度矩阵和整体效用强度矩阵，然后基于整体效用强度矩阵中各元素的符号可以得出效用符号矩阵，并由此判断各部门之间的能源消费关系，如表6-2所示。表中一共展示了406对能源消费关系，其中有72对表示出共生关系，72对表示出竞争关系，约占整体的35.2%。剩下的262对表现出控制和利用关系，其个数分别为122对和140对，它们是整个能源消费体系的主导关系，约占整体的64.8%。在所有的共生关系中，有11对与“石油和天然气开采业”有关：$(su_{13}, su_{31}) = (+, +)$，$(su_{43}, su_{34}) = (+, +)$，$(su_{83}, su_{38}) = (+, +)$，$(su_{123}, su_{312}) = (+, +)$，$(su_{143}, su_{314}) = (+, +)$，$(su_{163}, su_{316}) = (+, +)$，$(su_{173}, su_{317}) = (+, +)$，$(su_{213}, su_{321}) = (+, +)$，$(su_{263}, su_{326}) = (+, +)$，$(su_{283}, su_{328}) = (+, +)$，$(su_{293}, su_{329}) = (+, +)$。有10对与“金属矿采选业”有关，8对与“煤炭采选业”有关。这三个部门通过直接或间接的能源消费与其他部门构成共生关系，通过能源的相互流动，彼此均从中获取收益，同时对整个能源消费体系产生正向效益。

在所有的竞争关系中，“电器机械和器材制造业”“非金属矿物制品业”和“纺织服装鞋帽皮革羽绒及其制品业”均与9个部门相互竞争。以“电器机械和器材制造业”为例，有：$(su_{218}, su_{182}) = (-, -)$，$(su_{718}, su_{187}) = (-, -)$，$(su_{818}, su_{188}) = (-, -)$，$(su_{918}, su_{189}) = (-, -)$，$(su_{1018}, su_{1810}) = (-, -)$，$(su_{1318}, su_{1318}) = (-, -)$，$(su_{1918}, su_{1819}) = (-, -)$，$(su_{2018}, su_{1820}) = (-, -)$，$(su_{2118}, su_{1821}) = (-, -)$。这三个部门是整个能源消费体系的主要竞争者，它们在能源消费过程中，通过与其他部门之间进行能源交换对彼此均造成不利影响，但是从长期来看，这种关系能够促进部门能源使用效率的提高。控制和利用关系是整个能源消费体系中的主导关系，这说明能源在各个部门中的流动主要是一种“不平等”的关系。大多数部门均和其他部门构成控制和利用关系，这表明这些部门之间彼此相互依赖以获得能源使用效用。在所有的利用关系中，“燃气生产和供应业”和“交通运输设备制造业”与其他15个部门构成利用关系，“非金属矿物制品业”和“建筑业”与其他14个部门构成利用关系，“其他制造业”和“造纸印刷及文教用品业”与其他13个部门构成利用关系，这说明这些部门在与其他部门进行能源交换时能够从其他部门获利以促进本部门的生产。在所有的控制关系中，有20个部门与“交通运输、仓储和邮政业”构成控制关系，有19个部门与“批发、零售，住宿和餐饮业”构成控制关系，有18个部门与“化学产品制造业”构成控制关系，这表明在能源交换过程中，这三个部门处于相对“不平等”的位置，其他部门会从其部门获益，而本部门则会存在一定程度的受损，因此应该提高部门的能源使用效率，改变这种被动的情况。

表 6 – 2　效用符号矩阵和产业部门之间的能源消费关系

sgn (U)	1	2	3	4	5	6	7	8	9	10	11	12	13	14	15	16	17	18	19	20	21	22	23	24	25	26	27	28	29
1	+	+	+	+	−	+	+	+	+	+	−	−	−	−	−	−	+	−	+	+	+	−	−	+	−	+	+	−	−
2	+	+	−	−	−	+	+	+	−	+	+	+	+	+	+	−	+	−	+	−	+	−	+	+	+	+	−	−	−
3	+	−	+	+	−	+	+	+	+	+	+	+	−	+	+	+	+	+	+	−	+	−	−	+	−	+	−	+	+
4	+	+	+	+	−	−	−	−	−	−	−	−	−	+	+	+	+	+	+	+	+	−	−	+	−	+	−	−	−
5	+	−	+	+	+	+	−	−	−	+	+	+	+	−	−	−	−	−	+	−	−	−	−	+	−	+	−	−	−
6	−	−	−	−	+	+	−	−	−	−	+	+	−	+	+	+	+	+	+	+	−	+	−	−	−	−	+	−	+
7	−	+	−	−	+	−	+	+	−	+	+	−	+	−	−	−	+	−	−	−	+	−	−	−	−	−	−	−	+
8	+	+	+	+	+	−	−	+	+	−	+	−	−	+	−	−	+	−	−	−	−	+	+	+	+	+	−	−	+
9	−	+	−	+	+	−	−	−	+	+	+	−	−	−	−	−	+	−	−	−	+	+	+	+	−	+	−	−	−
10	−	−	−	+	−	+	−	−	−	+	+	−	+	−	−	−	−	−	+	−	−	−	−	+	−	−	+	−	+
11	+	−	−	−	+	+	+	+	+	−	+	+	+	+	−	+	+	+	+	+	−	−	−	−	−	+	−	+	+
12	+	−	+	+	−	+	+	+	+	+	−	+	+	−	−	+	+	+	+	+	+	+	−	+	+	+	−	−	+
13	−	−	−	+	−	−	−	−	−	−	−	−	+	−	−	−	−	−	+	+	−	+	−	−	−	+	−	−	−
14	+	−	+	−	+	−	+	−	−	−	−	−	−	−	+	+	+	+	+	+	+	−	−	+	+	+	−	−	−
15	−	+	−	+	+	+	−	−	+	−	+	−	+	−	+	+	+	+	+	+	+	+	−	−	+	+	−	−	+
16	+	+	+	+	+	+	+	−	−	+	+	−	+	−	−	+	+	−	−	−	+	+	−	+	−	−	−	−	−
17	+	+	+	+	+	+	−	−	−	−	−	−	−	+	−	−	−	+	−	−	−	+	−	−	−	−	−	+	−
18	+	−	−	+	+	−	−	−	−	−	+	−	−	−	−	+	+	+	−	−	−	+	+	+	−	+	−	−	+
19	+	+	−	+	+	−	−	−	−	−	+	−	−	−	−	+	+	−	+	+	−	+	+	+	−	−	−	−	+
20	+	−	+	+	+	+	+	−	+	−	+	−	−	−	−	+	+	−	−	+	+	+	+	+	+	+	−	−	+
21	−	−	+	+	+	−	−	−	−	−	+	−	−	−	−	−	−	−	+	−	+	+	+	−	−	+	−	−	+
22	−	−	+	−	−	−	−	−	−	+	−	−	−	+	+	+	+	+	+	+	+	+	−	+	−	+	−	−	−
23	+	−	+	+	+	+	+	+	+	+	−	+	+	+	+	+	+	−	+	−	+	−	+	+	+	+	+	−	−
24	−	−	−	−	+	−	−	−	−	−	−	−	+	−	+	+	−	−	−	+	+	+	−	+	−	−	+	+	−
25	−	+	−	+	+	+	+	+	+	+	+	−	+	+	−	+	+	+	+	+	+	+	−	+	+	+	+	−	−
26	−	+	+	+	+	−	+	−	−	+	+	−	−	−	−	−	−	−	−	−	−	+	+	+	−	+	−	−	−
27	−	+	+	+	+	−	+	+	+	+	+	+	+	−	+	+	+	+	+	+	+	+	−	−	−	+	+	−	−
28	−	+	+	+	−	+	+	+	+	+	−	+	+	+	+	+	−	+	+	+	+	+	+	−	−	+	+	+	−
29	+	+	+	+	+	−	+	−	+	−	−	−	−	+	−	+	+	−	−	−	−	+	+	+	+	+	+	−	+

注：（深灰）表示利用关系，（黑色）表示控制关系，（白色）表示竞争关系，（浅灰）表示共生关系。能源流动方向是从第一列的部门流向第一行的部门。

根据式（6 – 10），计算得 $M = 1.07$ 。由于 M 大于 1，所以整个能源消费体系表现出绝对共生，正效用个数多于负效用个数。这主要是产业部门间的自动调节所造成，尽管 140 对利用关系多于 123 对控制关系，但是共生关系（72 对）却是多于竞争关系（71 对）的，因此存在一定程度的抵消，导致共生指数 M 大于 1。

6.3.3 部门层级结构分析

产业部门的层级结构可以根据整体效用强度矩阵和部门间的关系判断得出，如图 6－2 所示。利用第 6.2.2 章节的方法可能会得出不一致的结果，即同一部门处于层级结构中不同的位置。这是因为当一个部门与其他部门进行能源交换时，可能会扮演着不同的角色。例如，一个部门也许会从其他部门获得产品加以利用，扮演着消费者的角色，但同时该部门的产品也可能会被其他部门使用，此时就扮演着生产者的角色。为解决这一矛盾，笔者选取了产业部门在整个能源消费体系中最常出现的位置作为该部门的等级，最后得出的结果如图 6－2 所示。

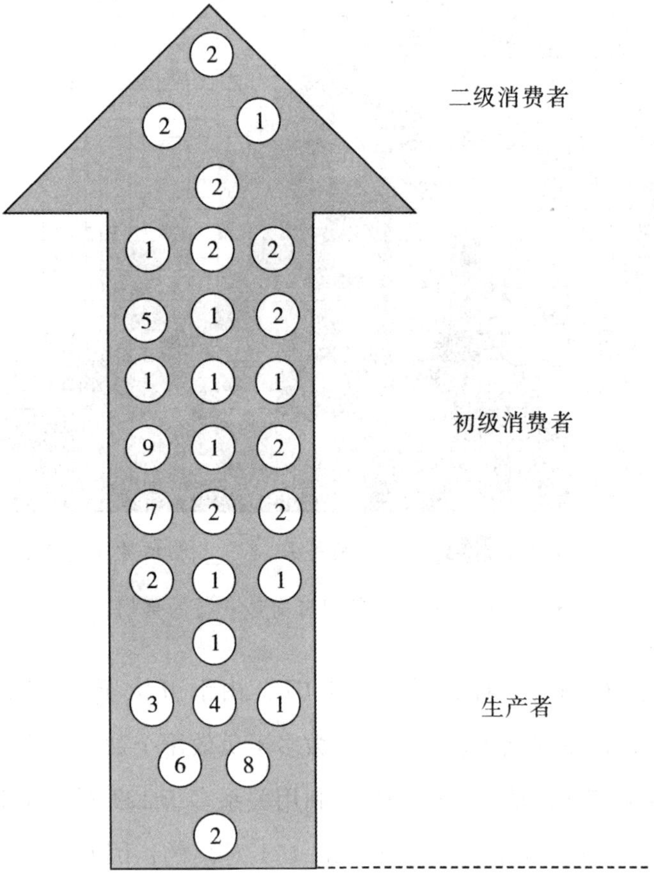

图 6－2　29 个产业部门的层级结构

将整个体系与生态系统进行类比，可以把产业部门划分为生产者、初级消费者和二级消费者。处于层级结构下方的部门，如“农林牧渔产品和服务业”“食品和烟草”和“石油加工、炼焦及核燃料加工业”，这些部门与其他大部分部门的控制关系多于利用关系，部门产品的多数被其他部门消费，它们是其他部门原材料的主要提供者，因此这些部门可以被认为是整个能源消费体系的生产者。处于层级结构上方的部门，如“批发、零售，住宿和餐饮业”“交通运输、仓储和邮政业”和“化学产品制造业”，这些部门与其他部门相比存在更多的利用关系，说明这些部门主要是依赖于其他部门以促进本部门产品的生产，因此这些部门具有更高的等级，是所有部门中的二级消费者。处于层级结构中部的部门，如“电力、热力的生产和供应业”“金属制品业”“纺织业”和“煤炭采选业”，这些部门与其他部门具有复杂的关系，它们既从等级低一些的部门获取资源，又提供资源给高等级的部门，所以这些部门就被认为是所有部门中的初级消费者。

从以上分析中可以看出：处于层级结构上方的部门，即二级消费者，具有更高的能源使用效率，而生产者部门具有相对较低的能源使用效率，同时初级消费者部门是整个能源消费体系的关键部门，也是层级结构的关键环节。因此，生产者部门和初级消费者部门应该努力提高能源使用效率以达到提升部门在层级结构中的地位和科学节能减排的目标。

6.4　主要结论与启示

中国是一个能源稀缺的国家，经济快速发展所带来的能源安全问题和环境承载力问题受到了普遍关注。本章构建了基于投入产出模型（I－O）的生态网络分析模型（ENA），通过计算各部门蕴含的能源消费量，进一步研究了部门间能源使用的相互关系，并类比生态系统对产业部门进行了层级划分。主要结论有：

（1）2012 年部门的间接能源消费量占其总能源消费量的 79%，直接能源消费量占21%。其中，“金属冶炼及压延加工业”“化学产品制造业”和“建筑业”是间接能源消费量最高的三个部门，说明这三个部门生产的产品有很大部分用于其他部门，被其他部门消费。“金属冶炼及压延加工业”“化学产品制造业”和“交通运输、仓储和邮政业”是直接能源消费量最高的三个部门，表明这三个部门的产品在生产过程中要消费大量的原材料等，造成直接能源消费量过高。

（2）在所有的406对能源消费关系中，有72对表示出共生关系，71对表示出竞争关系，约占整体的35.2%。剩下的263对表现出控制和利用关系，它们是整个能源消费体系的主导关系，约占整体的64.8%。计算得共生指数M大于1，所以整个能源消费体系表现出绝对共生，正效用个数多于负效用个数。

（3）根据整体效用强度矩阵和部门间的关系判断得出产业部门的层级结构，并与生态系统进行类比，将产业部门划分为生产者、初级消费者和二级消费者。结果显示：“农林牧渔产品和服务业”等是其他部门原材料的主要提供者，被认为是整个能源消费体系的生产者。“电力、热力的生产和供应业”等部门与其他部门具有复杂的关系，它们既从等级低一些的部门获取资源，又提供资源给高等级的部门，这些部门被认为是初级消费者。“批发、零售，住宿和餐饮业”等主要依赖于其他部门以促进本部门产品的生产，它们具有更高的等级，是二级消费者。

本章将投入产出法与生态网络分析方法相结合，研究了产业部门蕴含的能源消费量和产业间的能源消费关系。在研究部门能源消费关系的过程中，对部门直接效用强度矩阵的测算只考虑了流入部门的情况，而没有同时考虑流出部门的情况，而且中国地区间能源消费具有较大的差异，所以今后的研究可以结合生态网络分析方法，分地区研究中国产业间能源消费关系，从而为相关政策的制定提供更具有针对性的建议。

第二编

我国经济发展及能源消费的现实背景表明经济增长对能源消费的影响效应会因为工业化进程、经济增长所处阶段、产业结构发展水平、社会消费结构和能源消费结构等因素的不同而表现出不同的特征。因此，本编基于对需求影响因素的直观计量分析，从能源效率层面进一步深入梳理清产业结构、能源结构与能源效率之间的关系，从而进行系统的节能目标管理。

本编的具体研究内容如下：

第 7 章主要通过文献回顾的方式找出影响因素，利用通径分析法分析各影响因素对能源需求的影响途径与影响效应，并对未来趋势做出预测。

第 8 章以编制我国 1992、1997、2002 和 2004 年 30 部门实物价值型能源投入占用产出表为突破口，基于因素分析模型探索我国单位 GDP 能耗变化的影响因素，为我国相关节能减排目标的实现提供决策依据。

第 9 章考虑到不同的能源品种具有不同的利用效率，不同的能源消费结构也会产生不同的组合能源利用效率，进一步研究一次能源消费结构变化对单位 GDP 能耗的影响效应。

第7章 中国能源消费影响及机理研究

能源是国民经济发展和社会进步的重要物质基础，党的十六大提出了全面建设小康社会的奋斗目标，到2020年的国内生产总值要比2000年翻两番，这一时期是我国实现工业化的关键时期，也是经济结构、消费结构、技术管理及政策发生明显变化的时期，能源领域也将面临诸多挑战，能源的消费和需求也会发生相应的变化。未来能源基础能否支撑我国经济的可持续增长，成为国内外关注的十分重要的问题。因此做好未来能源需求预测分析，为能源规划及政策的制定提供科学的依据，对于保持我国国民经济健康、持续、稳定的发展具有重要的现实意义。所以本章主要依靠计量技术直观地对中国能源消费的影响机理进行研究，并对未来趋势做出预测。

7.1 有关能源消费的计量研究

国内外许多能源或相关机构对能源需求进行过研究，得出了一些比较实用的建模方法，这些方法大致可以归结为：部门分析法、时间序列趋势法、能源弹性系数法、投入产出法、因素分析法、协整理论与误差修正模型等。根据这些方法的特点可以将其归纳为相关关系预测法和时间序列预测法。时间序列趋势法是以研究对象的历史时间序列数据为基础，运用一定的数学方法使其向外延伸，来预测其未来的发展变化趋势。在预测能源需求时，是在过去能源消费增长的基础上进行趋势外推，其根本出发点是认为将来的能源需求与过去的能源消费规律变化不大，前提不大符合实际；且由于能源需求往往受到许多因素的制约，并且这些因素之间又保持着错综复杂的关系，对于高度不确定的能源需求环境，使预测结果不够准确；而且只利用自身的历史数据进行预测，浪费了太多的相关信息。而相关关系预测法是用统计分析方法找出现象与能源需求之间的因果关系或结构比例关系，并根据这些关系来预测能源需求的方法。

能源消费系统是一个复杂系统，在它的发展演化过程中受到多种因素及外部环境的影响和制约。能源需求量主要是由于国民经济的发展、经济结构和消费结构的调整、技术、政策及管理水平的变化等宏、微观经济因素决定的，同时，能源系统本身的构成也随着经济的发展会有所变化和发展。所以，进行能源需求预测，不能离开经济这个大系统，必须抓住各相关变量之间的内在联系，找出它们的内在规律，经过适当的抽象和简化，然后把有关因素间的定量关系表示成数学关系式，充分利用各相关因素信息，加以模型化，这样才可以用相关关系法来预测未来。

根据以上总结，本章将首先通过文献回顾的方式找出影响因素，然后利用通径分析法分析各影响因素对能源需求的影响途径与影响效应，然后在通径分析的基础上选用偏最小二乘回归消除多重共线性，并进行预测分析。

7.2 能源需求影响因素及机理分析

对能源需求进行建模与预测是制订能源发展战略、规划部署的基础之一。能源需求预测是从研究一个国家、地区或特定范围内能源消费的历史与现状开始，根据其消费行为，归纳影响能源消费的各种因素，寻求消费与这些因素的关系，根据这些关系对未来能源需求发展趋势作出估计和评价。根据经济学的需求理论，价格因素是影响商品需求的首要和关键因素，但是除了能源价格之外，还有很多因素影响着未来的能源需求，有的因素甚至比能源价格的影响还要重要得多，例如，国民经济发展速度及其结构变动、总人口、资源的合理利用等，因此，我们在对能源需求进行建模与分析时，这些因素应该加以考虑并且要加以研究和分析。

能源工业是一个长期性高投入的产业，其发展水平直接受制于经济发展水平。经济增长将是影响能源消费的一个非常重要的因素。林伯强应用协整和误差修正模型技术深入研究了中国能源需求的决定因素。实证分析结果表明：能源总消费、GDP 之间存在长期均衡关系。韩智勇，魏一鸣等开展了 1978 年至 2000 年中国能源消费与经济增长之间协整性和因果关系的研究工作，结论是：中国能源消费与经济增长之间存在双向的因果关系。

产业结构即构成国内生产总值组成各产业的比重。由于各产业的能耗指数相差较多，第二产业的能耗指数远高于第一、三产业的能耗指数，故随着产业结构的调整，综合能耗指数必将受到影响。因此，在能源需求建模与分析过程中也必须考虑到产业结构的变化对能源需求的影响。国内外学者对产业结构和能源消费进行了很多研究，如路正南建立的能源消费模型证实产业结构变化直接影响能源需求和改变能源消费结构，史丹也认为结构变动是能源消费的重要影响因素，且结构变动对不同的能源品种影响程度和作用方向不完全一致。曾波，苏晓燕以中国近 20 年来的数据为样本，采用灰色关联分析法分析产业结构和能源消费的关联效应。

人口是社会系统中最基本的因素。能源是人类赖以生存的基础，人口总量的多少直接影响着能源的总消费量，也直接影响着能源资源的人均占有量和利用方式。

能源消费结构反映了整个能源消费量中各种能源所占的比例关系。中国是世界上极少数几个以煤炭为主要能源的国家之一，以煤炭为主的能源消费，不但造成能源利用率低、能耗指数高，而且环境污染严重。但是，随着经济的不断发展，人民生活的逐步改善，对环境保护日益重视，优化能源结构、提高优质能源在一次能源消费结构中的比例，是中国未来能源发展的必然趋势。因此，在能源需求预测过程中必须考虑到未来优化能源结构、能耗指数的降低对能源需求的影响。贺菊煌利用多部门模型，对中国未来25年的经济增长和能源需求进行了预测，说明了能源需求与能源结构变化之间有很大的相关性。林伯强以中国的电力行业为例，分析影响能源需求的各种因素，结果说明经济的增长是导致能源需求增长的主要因素，但结构的变化却起到了抑制能源需求增长的作用。

根据经济学中的需求理论，价格是影响需求的首要因素，而在本文中没有把它考虑在内，原因是：首先，目前中国没有正式公布各种能源的价格数据，我们无从获得；其次，在改革开放之前，我国实行计划经济，各种价格（包括能源）都是由政府决定的，而改革开放后，虽然政府放开了对价格的绝对控制，但是能源工业仍然由国家投资和控制，能源价格仍是实行政府定价，其变动不大。

7.2.1 通径分析

根据前面能源需求的影响因素分析，可得出影响能源需求的主要因素有经济的增长（GDP）、人口（全国总人口数）、产业结构（工业在国民经济的比重）的变化和能源消费结构（煤的消费比重），所以在能源需求建模过程中，都将这些影响因素考虑在内（本章采用所有数据都来自各年《中国统计年鉴》和《能源统计年鉴》）。

多年来，前人多着力于建立能源需求预测模型，忽视了能源需求的相关经济因素的提取分析，以及这些经济因素之间的相互关系研究对我国能源需求的重要影响。为了更好地分析能源需求的相关经济因素变化对我国能源需求的影响效应，本章首先要搞清影响能源需求的因素间的相互关系及其与能源需求的直接与间接关系，并在此基础上建立能源需求预测模型。

通径分析是简单相关分析的继续，在多元回归的基础上将相关系数加以分解，通过直接通径、间接通径及总通径系数分别表示某一变量对因变量的直接作用效果、通过其他变量对因变量的间接作用效果和综合作用效果。

设有自变量 $x_1, x_2, \cdots, x_k$，和因变量 y，可得多元线性回归分析：

$$y = \beta_0 + \beta_1 x_1 + \beta_2 x_2 + \cdots + \beta_k x_k \tag{7-1}$$

本章假定 $\bar{x}_i$ 表示样本 x_i 的均值，若令 σ_y 表示样本 y 的标准差，用 σ_{x_i} 表示样本 x_i 的标准差，由公式（7－1）可得变量间的标准化多元线性回归模型，令

$$\beta_i' = \beta_i \frac{\sigma_{x_i}}{\sigma_y} \tag{7-2}$$

则 β_i' 表示标准化系数，由此可见，标准化系数不仅与自变量的回归系数有关，而且与这个自变量的波动程度有关。如果波动程度较大（自变量的标准差较大），自变量就会显得较为重要，否则就显得不太重要。然而在利用公式求解标准化系数时，没有考虑各变量间是否存在交互作用及通过其他自变量的影响效应。利用通径分析法我们很容易解决这个问题。

若 r_{ij} 表示 x_i 和 x_j 间的简单相关系数，r_{iy} 表示 x_i 和 y 之间的简单相关系数，则各简单相关系数的分解方程用下式表示：

$$\begin{cases} p_{1y} + r_{12}p_{2y} + \cdots + r_{1k}p_{ky} = r_{1y} \\ r_{21}p_{1y} + p_{2y} + \cdots + r_{2k}p_{ky} = r_{2y} \\ \cdots \\ r_{k1}p_{1y} + r_{k2}p_{2y} + \cdots + p_{ky} = r_{ky} \end{cases} \tag{7-3}$$

这是通径分析的基本模型。

其中，p_{iy} 为直接通径，即是 x_i 与 y 标准化后的偏相关系数，表示 x_i 对 y 的直接影响效应；x_i 对 y 的直接决定系数为 $R_i^2 = p_{iy}^2$；$r_{ij}p_{jy}$ 为间接通径，表示 x_i 通过 x_j 对因变量 y 的间接影响效应；$R_{ij}^2 = 2p_{iy}r_{ij}p_{jy}$ 表示 x_i 通过 x_j 对因变量 y 的间接决定系数 $R(i)^2 = R_i^2 + \sum_{i \neq j} R_{ij}^2$ 反映了 x_i 对 y 的综合作用，定义为 x_i 对 y 的决策系数；$\sum_{i \neq j} r_{ij}p_{jy}$ 即表示 x_i 通过其他变量对因变量的总间接

影响效应。上述方程组的基本意义是，将每一个自变量与因变量的简单相关系数 r_{iy} 分解为 p_{iy}（直接通径效果部分）和 $\sum_{i \neq j} r_{ij} p_{jy}$（总间接通径效果部分）。由于经济现象之间的相互影响关系错综复杂，人们对于经济现象认识的局限，在设定模型时不可能把影响因变量的所有因素都考虑进去，所以应进一步计算遗漏变量和误差项对因变量 y 的通径效应系数，即剩余效应 p_{ay}，计算公式为：

$$p_{ay} = \sqrt{1 - \sum_{i=1}^{k} p_{iy} r_{iy}} \qquad (7-4)$$

若剩余效应很小，说明通径分析已把握了主要变量，否则表示通径分析可能遗漏了某些主要影响因素，需进一步寻找别的因素进行分析。

7.2.2 能源需求因素间的相互关系

由前面的分析结果假定：Y 为能源需求；$x_i (i = 1,2,3,4)$ 为自变量，分别代表：GDP、全国总人口、第二产业在国民经济的比重、煤的消费比重；ε 为随机误差项。利用 1985—2005 年的统计年鉴数据，先得到各变量之间的相关系数矩阵，再利用公式（7－3）（7－4），笔者得到变量间的通径系数：

$p_{1y} = 1.245379$，$p_{2y} = 0.239417$，$p_{3y} = -0.03468$，$p_{4y} = 0.534672$

则决定系数 $R^2 = \sum_{i=1}^{5} p_{iy} r_{iy} = 0.994713$，故剩余效应为 $p_{ay} = \sqrt{1 - R^2} = 0.072709$，说明选定的因素对变量的解释能力达到了 99.47%，通径分析把握住了主要的影响因素。

但通过 t 检验，得到各变量 x_i（$i = 1, 2, 3, 4$）的 t 检验值分别为：$t_1 = 22.8082$，$t_2 = 4.292632$，$t_3 = -1.30982$，$t_4 = 12.18626$，而在自由度为 $f_e = 14$ 时 $t_{0.1} = 1.746$，$t_{0.05} = 2.120$，故变量 x_3 的通径系数不显著，通不过检验。如前人所述，通过定性分析可知，产业结构的变动是影响能源消费的主要因素，但笔者通过定量分析发现，在同时考虑 GDP、全国总人口、第二产业在国民经济的比重、煤的消费比重等对能源消费的影响时，产业结构的影响最弱，但是通过其他因素的间接影响很大，故在笔者同时考虑多个影响因素的前提下，产业结构变动的影响效应分散在其他因素的影响效应中，前人的研究结论也支持了这一结论，路正南（1999）建立的能源消费模型证实产业结构变化直接影响能源需求和改变能源消费结构，史丹（1999）的研究结论也指出产业结构的变动使得中国能源消费结构发生变化。故在以下的回归分析中，我们只使用 GDP、全国总人口、煤的消费比重作为预测未来能源消费需求的因素。

下面只对这三个因素进行通径分析，利用公式（7-3）（7-4），本章得到变量间的通径系数：$p_{1y}=1.232627$，$p_{2y}=0.210601$，$p_{4y}=0.515328$，则决定系数 $R^2=\sum_{i=1,i\neq3}^{4}p_{iy}r_{iy}=0.994147$，故剩余效应为 $p_{ay}=\sqrt{1-R^2}=0.076508$，因为误差自由度为 17，故 R 的显著临界值为 $R_{0.01}=0.647$，则 $R=0.994147$ 极显著。说明去掉产业结构因素后，剩余的因素对变量的解释能力达到了 99.47%，对结果的精确性几乎没影响，通径分析把握住了主要的影响因素，分析结果见表 7-1。

表 7-1　GDP、全国总人口、煤的消费比重对能源需求影响作用通径分析表

自变量	总影响 r_{iy}	直接影响 p_{iy}	总间接影响	通过 x_1 间接影响	通过 x_2 间接影响	通过 x_4 间接影响
x_1	0.970925	1.232627	-0.2617		0.195492	-0.45719
x_2	0.903759	0.210601	0.693157	1.144193		-0.45104
x_4	-0.76257	0.515328	-1.2779	-1.09357	-0.18433	

通过 t 检验，得到各变量 x_i（$i=1, 2, 4$）的 t 检验值分别为：$t_1=22.47412$，

$t_2=4.025294$，$t_4=12.2187$，在自由度为 $f_e=17$ 时 $t_{0.001}=3.965$，故通径系数均极显著。由表 7-1 中数据可明显看出，各变量对能源需求的直接作用大小排序（按绝对值大小排序）为：$x_1>x_4>x_2$，但从综合影响看（相关系数绝对值大小）排序为：$x_1>x_2>x_4$。以其中变化最明显的是煤的消费比重为例详细分析，煤的消费比重对能源需求 y 的直接作用（$p_{4y}=$

0.515328）并不显著，但它通过经济增长对能源需求 y 的限制作用达到 -1.09357，因而导致 $r_{4y} = -0.76257$，故 x_4 对变量 y 起限制性作用的原因是通过其他因素间接作用的结果。同时由表 7－1 还可算出五个影响因素的决策系数为：$R(1)^2 = 0.874208$，$R(2)^2 = 0.336313$，$R(4)^2 = -1.05151$。故 $R(1)^2 > R(2)^2 > R(4)^2$，故经济增长为能源需求的主要决策因素，能源消费结构为能源需求的主要限制性因素。这三种影响因素对能源消费需求的影响机理分析见图 7－1、图 7－2 和图 7－3。

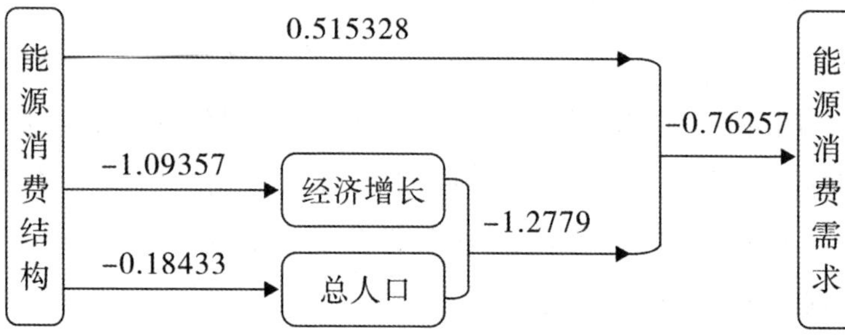

图 7－1　能源消费结构对能源消费需求的影响机理分析图

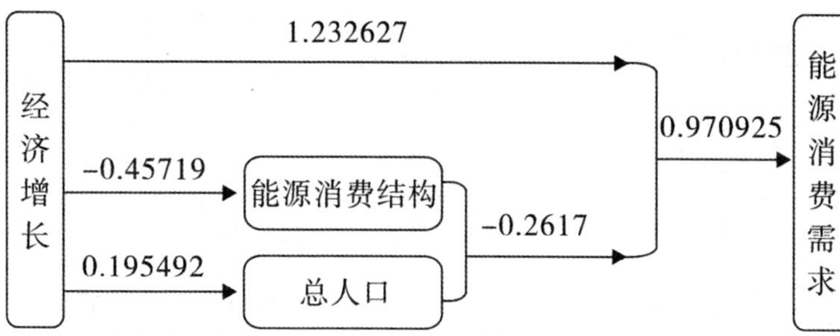

图 7－2　经济增长对能源消费需求的影响机理分析图

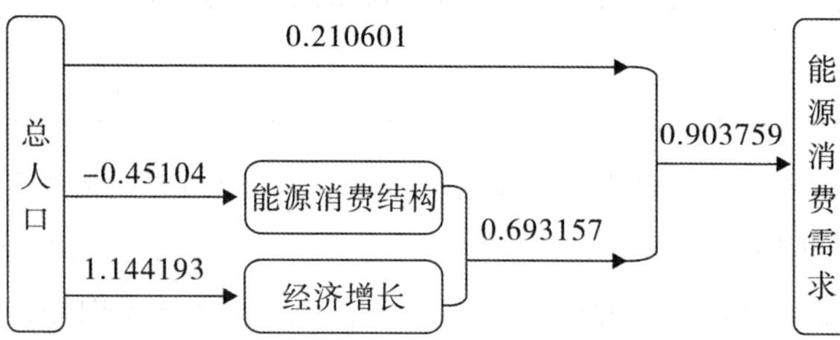

图 7－3　总人口对能源消费需求的影响机理分析图

7.3　能源需求的偏最小二乘回归预测模型

由表 7-1 可见，能源需求影响因素间的多重共线性现象严重，总人口、第二产业在国民经济的比重、煤的消费比重等的间接影响绝对值均大于 0.6，煤的消费比重的间接影响甚至达到 -1.29724，若利用这些因素，则很难用一般的回归技术来实现能源需求预测分析。偏最小二乘回归被称为第二代回归方法，集多元线性回归分析、典型相关分析和主成分分析的基本功能为一体，可以较好地处理最小二乘回归难以解决的问题，能够在自变量存在严重多重相关性的条件下进行回归建模。因本研究只涉及单因变量偏最小二乘回归（PLS1），故仅对该方法的基本思想作简要介绍。

设有单因变量 y 和自变量集合 $x=[x_1, x_2, \cdots, x_p]$，为了研究 Y 与 X 间的统计关系，分别于 x 和 y 中提取主成分 t_1 和 u_1。偏最小二乘法在提取这两个主成分时，应满足：①t_1 和 u_1 尽可能好地提取它们各自原变量系统中的变异信息；②t_1 和 u_1 相关程度能达到最大。在第一主成分 t_1 和 u_1 被提取出来后，偏最小二乘回归分别实施 x 对 t_1 的回归以及 y 对 t_1 的回归，然后利用 x 和 y 被 t_1 解释后的残余信息进行第二轮主成分提取，如此反复，直至所提取主成分对自变量或因变量累计解释能力达 100%。此时根据分批交叉性检验原则选取最终回归分析应提取主成分个数。偏最小二乘回归将通过实施 y 对 t_1，t_2，…，t_h 的回归，最终表达为 y 关于原变量 x_1，x_2，…，x_p 的回归方程，至此偏最小二乘回归建模完成。假定：Y 为能源需求；x_i（$i=1, 2, 4$）为自变量，分别代表：GDP、全国总人口、煤的消费比重。使用 SAS 软件中 PLS 过程来完成偏最小二乘回归分析，结果如表 7-2。

表 7-2　SAS 软件中 PLS 变差分析结果

提取的影响因子数	模型效应		被解释变量	
	Current	Total	Current	Total
1	93.1008	93.1008	84.4388	84.4388
2	4.2997	97.4006	14.0516	98.4904
3	2.5994	100.0000	0.9242	99.4147

由表7－2可见，当提取到2个主成分时，可解释因变量的变差百分比的98.4904%以及自变量变差百分比的97.4006%，第三个主成分的解释能力已非常弱，故从直观上可看出抽取两个主成分即可，利用SAS软件中的分批交叉验证方法也证明了提取两个主成分的有效性和回归方程的显著性，得到Y与x_i的偏最小二乘标准化回归方程如下：

$$y' = 1.007x_1' + 0.4767x_2' + 0.5551x_4' \quad (7-5)$$

还原为原始变量的回归方程式如下：

$$y = 0.7247x_1 + 2.3228x_2 + 5595.9422x_4 - 605318.2340 \quad (7-6)$$

由偏最小二乘回归分析得到的回归预测值及预测的绝对误差和相对误差结果见表7－2。

表7－2　偏最小二乘回归模型预测值及预测误差

模型 年份	能源实际消费量	偏最小二乘回归预测值	偏最小二乘回归预测误差	偏最小二乘回归预测相对误差
1985	76682	71258.78	5423.217	7.0724%
1986	80850	76017.88	4832.118	5.9766%
1987	86632	83713.47	2918.531	3.3689%
1988	92997	89885.27	3111.728	3.3461%
1989	96934	94636.14	2297.862	2.3705%
1990	98703	100193.8	－1490.81	1.5104%
1991	103783	105351.7	－1568.68	1.5115%
1992	109170	109970.8	－800.85	0.7335%
1993	115993	113596.4	2396.587	2.0662%
1994	122737	127694	－4957.03	4.0387%
1995	131176	137536.1	－6360.11	4.8485%
1996	138948	148565.5	－9617.5	6.9217%

（续表）

模型 年份	能源实际消费量	偏最小二乘回归预测值	偏最小二乘回归预测误差	偏最小二乘回归预测相对误差
1997	137798	140301	-2503.03	1.8164%
1998	132214	135120.5	-2906.54	2.1983%
1999	133831	138526.1	-4695.09	3.5082%
2000	138553	140386.1	-1833.11	1.323%
2001	143199	143850.2	-651.23	0.4548%
2002	151797	151268.5	528.5301	0.34825
2003	174990	176043.5	-1053.47	0.602%
2004	203227	193005.8	10221.23	5.0294%
2005	223319	216643.8	6675.225	2.9891%

由表 7-2，通过计算可以得到偏最小二乘回归相对预测误差的均值仅为 2.95%，标准差为 0.020599，故利用偏最小二乘回归预测方法来预测能源需求，效果极为理想。因为对于受多种影响因素支配的目标序列值来说，目标序列数值的未来变化具有很大的不确定性，容易受到很多个影响因素的冲击而改变原来的变化趋势，所以找到主要的影响因素，通过对各影响因素的分析来反映目标值的变化，将会使预测的结果更加精确，至于多个自变量的多重共线性问题，笔者用偏最小二乘法使得问题得到了很好的解决。利用偏最小二乘法对十一五期间能源消耗进行预测，结果见表 7-3。

表 7-3　由偏最小二乘预测法得到的十一五规划时期的预测值如下（单位：万吨标准煤）

年份	2006	2007	2008	2009	2010
偏最小二乘回归预测值	225890.9	235903.8	246738.7	258455.7	271119.9

通过 2007 年的统计年鉴，我们可以查得 2006 年的能源消耗量为 246270 万吨标准煤，误差为 8.2%，这是因为国民经济增长率在 2006 年达到了 11%，煤炭的消费结构不降反升 0.5%，如通径分析的结果所见，国民经济增长为能源需求的主要决策因素，能源消费结构为能源需求的主要限制性因素，这两个主要因素的变动相比十一五规划预期变化颇大，如果将 2006 年的经济指标的实际值代入方程，得到的预测结果误差仅为 2.0%。

7.4 本章小结

能源“十一五”规划提出，2010 年，我国一次能源消费总量控制目标为 27 亿吨标准煤左右，年均增长 4%。由偏最小二乘回归预测值可见，在各个相关经济总量指标（能源消费结构、国民经济增长、人口）能按照国家“十一五”规划的目标控制住的情况下，2010 年能源的消费总量预测结果为 271119.9 万吨标准煤，基本能达到能源消费总量控制目标。但以 2006 年的能源消耗统计量为例，由于宏观经济指标的实际值偏离十一五规划平均预期值，国民经济增长率在 2006 年达到了 11%（预期 7.5%），煤炭的消费比例为 69.4%（预期为 68.4%），使得组合模型的预测值偏小于实际值。因此，从分析结果来看，要达到十一五规划目标任重而道远，没有价格、政策的大力调整实施，没有技术及管理水平的进步，很难达到目标。所以政府需通过与能源结构紧密相关的能源价格与产业结构来调整能源结构，加大技术研发的投入力度，促进技术进步，降低单位 GDP 能耗，使得在经济增长迅速的情况下也能尽量降低能源消耗需求的增长，有利于国家的可持续发展和能源安全。

第8章

中国单位GDP能耗投入占用产出影响因素研究

第7章对未来能源需求的预测结果表明我国未来能源形势严峻，政府须调整能源结构、促进技术进步、降低单位GDP能耗。我国单位GDP能耗在2003、2004、2005年连续三年呈现比上年增加的趋势，改变了我国1980—2002年单位GDP能耗连年不断降低的格局。为了引导我国经济的健康发展，“十一五”规划中明确提出了“在优化结构、提高效率和降低消耗的基础上，实现2010年人均GDP比2000年翻一番；资源利用效率显著提高，单位GDP能源消耗比‘十五’期末降低20%左右”的发展目标。2006年作为“十一五”开局年，预期目标是单位GDP能源消耗下降4%左右，实际完成GDP能耗为1.21吨标准煤，比上年同比下降1.23%，结束了连续三年上升的态势，但未完成单位GDP能耗下降4%的目标。经济发展和节能降耗目标的实现受很多因素影响，要实现目标，关键需要准确把握其主要影响因素。因此，本章以编制我国1992、1997、2002和2004年30部门实物价值型能源投入占用产出表为突破口，基于因素分析模型探索我国单位GDP能耗变化的影响因素，为实现我国经济、能源与环境更好、更快可持续发展提供决策依据。

8.1 理论与实践依据

能源及环境问题是全球关注的焦点，由于节能降耗在能源战略中的重要作用，国内外专家学者对此已进行了多方面的研究。具体有回归分析法、主成分分析法、面板数据分析法等。Choi、Ang 讨论了关于能源强度问题的两类因素分析方法（比率法和差分法）及其在能源领域的作用，并结合两类方法的结果对新加坡和中国台湾地区的电力消耗强度进行了分析；Andreas、Schafer 利用 1971—1998 年世界上 11 个不同区域的能源数据，分析了产业结构的变化对能源强度下降的贡献，说明了经济结构的变化对能源强度的降低有显著的作用。

由前可知，在分析我国能源强度变化的研究中，最常使用的方法包括因素分解法、描述性统计以及回归分析。描述性统计主要是通过对行业产出及能源消耗数据进行分析，总结经济发展与能源消耗的变化趋势，从而得出影响能源强度变化因素的定性结论，该方法虽然直观、易于理解，但分析相对较为简单，而且不能得出定量的结论。回归分析也是分析能源强度变化的重要工具，该方法通过建立能源强度与其影响因素之间的回归方程，通过数据回归得出相应的结论。回归分析不仅可以得出定量的结论，而且也能将更多的因素纳入统一的框架中。但回归分析往往只能得出各种因素对能源强度的影响程度，对能源强度变化影响的说服力较弱，同时还存在数据处理和回归方程选择等方面的问题。相比较而言，因素分解法更为直观和简洁，该方法直接将能源强度变化分解，从而能够对影响能源强度变化的因素进行定量分析，此外，该方法数据处理也更为容易。因此，目前无论在国外还是国内，因素分解法成为分析能源强度变化的主要工具。

为研究各相关因素的变动对能源单耗的影响，首先必须考虑因素变动的测度方法。由于投入产出表能清楚地反映国民经济系统中各部门之间的生产和使用关系，投入产出表可作为经济结构变动及技术变动的度量方法。前人的研究成果也表明，投入占用产出因素分解方法更具有良好的效果，而且理论基础较强。梁巧梅、Okada等基于投入产出建立了能源需求和能源强度情景分析模型，并运用1997年的数据，针对全面实现小康社会目标的各种情景，定量地分析了社会经济发展因素对能源需求和能源强度的影响。Hu、McAleer以中国1992、1995、1997年的投入产出表为基础，分析了中国产业结构的变动对经济快速增长的影响效应。Piyush、Tiwari利用投入产出方法，分析了印度各部门的能源强度变化，以能源利用效率的高低变化对各部门进行了分类；Alcantara、Duarte利用投入产出结构分解分析方法，对引起欧盟各国及各部门能源消耗强度差异的主要因素进行了分析，结果表明在给定的经济结构下，能源的消耗总量主要受能耗强度影响，其中冶炼和制造业的能耗最高。

关于影响因素指标的选取方面，国际经验表明，一个国家经济增长与能源强度具有明显的关系，一般表现为倒V形，即在经济增长的初期，能源强度呈现上升趋势，经济增长到一定时期后，能源强度才转而下降。史丹认为，改革开放以来，我国能源消费增长速度减缓甚至下降的根本原因是能源利用效率的改进。能源利用效率包括能源技术进步效率和能源经济效率。能源技术效率的改进，往往是和生产技术以及技术创新和技术发明联系在一起的。能源经济效率主要是指经济发展水平、产业结构、价格水平、管理水平、对外开放以及经济体制等经济因素对能源利用效率的影响。本章在剔出技术、价格及结构因素的影响外，用GDP来反映经济发展水平、管理水平、政策以及经济体制等经济因素对能源利用效率的综合影响。但钱振为利用联合国统计数据，对我国能源消费状况进行分析，认为在经济增长过程中单位能源消费产生GDP不一定与经济同方向同步增长，不是评价一定时期能源利用效果的绝对指标，单位GDP能源消耗强度除受经济发展水平影响外，还有自然环境和资源条件、社会需求、经济结构和技术及管理水平的变化。戴彦德、周伏秋等将单位GDP能耗的影响因素归结为两大类：一是广义的结构因素，包括产业结构、行业结构、产品结构等多层次内容；二是技术因素，是指由于技术进步而导致的单位产品（服务量）综合能耗的下降。

就技术进步来看，Vanden等采用我国2500多家能源密集型大中型工业1997—1999年的面板数据，研究指出技术进步、结构调整和可能的统计误差是中国能源强度下降的主要影响因素。国内也有相当多的理论与实证研究与国外得出了类似的结果。Ma、Oxley分析了1995年到2004年中国宏观能源强度，发现技术进步是我国能源效率提高的决定因素。

就最终需求变动来看，王海建利用投入产出因素分解法，将最终需求变动对能源消费的影响，分解为最终需求结构系数变动和各项最终需求总量变动影响，并对最终需求总量及结构变动导致的能源消费变化进行了分析。王玉潜运用投入产出技术与统计因素分析方法，建立能源消耗强度的投入产出模型和因素分析模型，将影响效应分解为最终需求结构变动效应和技术进步效应，初步解释了1987—1997年中国能源消耗强度变动的原因。说明最终需求结构及最终需求总量也是影响能源消费强度的重要因素之一。

由此可以得出，技术进步和最终需求变动是直接影响我国单位GDP能耗变化的主要因素。而产业结构也是影响我国单位GDP能耗变动的主要因素，戴彦德、周伏秋等将所有因素（技术因素、最终需求因素等）对我国单位GDP能耗的影响效应归结为产业结构的变动。但技术进步、最终需求结构变动对产业结构的变化也起着主导性作用，这样，技术进步、最终需求结构变动通过产业结构的变动将对我国单位GDP能耗产生不可忽视的间接影响作用。从技术进步的间接影响来看，不同产业出现的技术进步和技术创新，影响其自身实际的生产过程，使各产业的要素投入配比发生变化，导致各产业产出的变化，进而使整个产业结构发生相应的变化，Pan

利用动态投入产出技术结合情景分析法，以中国电力行业为背景，分析了技术进步对产业结构的影响效应。从最终需求结构的间接影响来看，需求结构的变动，直接影响到有关产业的要素投入，推动各产业部门出现不同程度的技术进步，促使产业结构发生相应变动。张晖明、丁娟认为在所有的影响因素当中，技术进步和需求结构是推动产业结构调整升级的内生的直接动力，只有通过技术的跨越式发展，不断推动技术进步，才能切实带动产业结构的优化升级。史耀远利用投入产出技术和结构的分析方法研究了技术进步和最终需求结构变动对中国经济结构变动的影响。

总结近年来国内外的研究现状，由于能源问题是一个涉及多个方面的复杂系统，而投入占用产出表能清楚地反映国民经济系统中各部门之间生产和使用关系，使得投入占用产出因素分解法成为国内外学者研究能源问题的主要工具，其在能耗强度的研究方面具有其他方法所不可比拟的优势，并取得了良好的效果。但前人大多在只考虑一个或两个关键影响因素的情况下，利用投入占用产出方法分解分析。在综合考虑多个影响因素（GDP 增长、技术进步、最终需求结构、最终需求总量）的前提下，如何利用投入占用产出因素分解法重新分解，并能分析上述多种影响因素对我国的单位 GDP 能耗影响效应，对如何核算我国单位 GDP 能耗提出针对性的对策建议十分必要和及时，但前人未作研究。

本章将利用投入占用产出结构分解方法，并利用中国 1992、1997、2002 和 2004 年 30 部门能源投入占用产出表（这些表是以陈锡康研究员等提供的 1992、1997、2002 年 42 部门投入产出表为基础，借助全国统计年鉴、《中国能源统计年鉴 2005》和《中国经济普查年鉴 2004》等统计资料信息，由西安交通大学 985 工程二期项目“能源经济与安全战略管理研究平台”项目团队利用 HYBRID 技术编制，本书作者参与编制），以不变价格为基础，消除价格变动影响，分阶段使用投入占用产出结构因素分解法对我国能源强度变化进行跟踪研究，利用投入占用产出因素分解法重新分解并分析 GDP 增长（反映经济发展水平、管理水平、政策以及经济体制等经济因素对能源利用效率的综合影响）、各部门生产技术进步、最终需求总量变动和最终需求结构变动对这些年我国单位 GDP 能耗的总的影响。同时对技术进步、最终需求结构变动对产业结构变动的影响效应作了进一步的分析，解释了技术进步、最终需求结构变动在各阶段对降低能耗的直接和间接作用效果。其中的分析关系如图 8 – 1 所示。

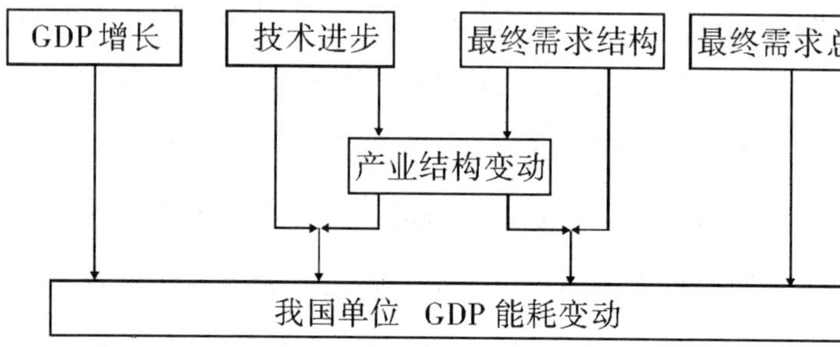

图 8 – 1 单位 GDP 能耗变动因素分析图

8.2 我国单位 GDP 能耗变动因素分析

本章利用的是中国 1992、1997、2002 和 2004 年 30 部门能源投入占用产出表，该表将全部产业划分为能源部门和非能源部门，其中能源部门又分为一次能源部门和二次能源部门，非能源部门又分为高能耗部门和低能耗部门。一次能源部门由煤炭采选业（01）、石油开采业（02）、天然气开采业（03）、水电业（04）构成。一次能源中的其他能源如水能、核能、生物质能、太阳能、风能等由于在能源总量中所占比重较小且难以获得完整数据，暂不考虑。

投入产出分析中的因素分析法主要是指结构分解分析即 SDA（Structural Decomposition Analysis）。SDA 是近年来投入产出分析领域主流经济分析工具，其主要思想是利用投入产出表，通过将某因变量的变动分解为各有关独立自变量变动的和或乘积，从而测算各个自变量的变动对因变量变动的贡献。由于它克服了传统投入产出分析的静态特性，具备了动态分析功能，从而成为计量经济估计分析的替代方法。许多学者把投入产出技术与SDA相结合，研究了一系列的经济、资源、环境问题。如Han研究了1975—1985年劳动力需求变动对日本经济结构的影响；Lin、Polenske对中国1981—1987年期间能源消耗强度下降的原因进行了深入的研究。

一般地，若一个经济变量Z是由X、Y两因素决定的，即其可以写成$Z=XY$的形式，则可对其进行如下SDA分析：

令$\Delta Z = Z_2 - Z_1$，$\Delta X = X_2 - X_1$，$\Delta Y = Y_2 - Y_1$，其中下标1和2分别表示时期1和2，则可有式（8-1）：

$$\Delta Z = X_2Y_2 - X_1Y_1 = \{\Delta XY_1 + X_1\Delta Y\} + \{\Delta X\Delta Y\} \tag{8-1}$$

本章称ΔXY_1为X因素变动对Z的初始影响，$X_1\Delta Y$为Y因素变动对Z的初始影响，$\{\Delta XY_1 + X_1\Delta Y\}$为因素变动的综合初始影响（或因素变动的一阶影响），而$\Delta X\Delta Y$为两个因素变动的交叉影响（或者因素变动的二阶影响）。

同理可得四影响因素(X,W,T,Y)时，即：$Z = WXTY$，有式（8-2）：

$$\Delta Z = \{\Delta XW_1T_1Y_1 + X_1\Delta WT_1Y_1 + X_1W_1\Delta TY_1 + X_1W_1T_1\Delta Y\} + \left\{\begin{array}{l}\Delta X\Delta WT_1Y_1 + \Delta XW_1\Delta TY_1 + \Delta XW_1T_1\Delta Y + X_1\Delta W\Delta TY_1 + \\ X_1\Delta WT_1\Delta Y + X_1W_1\Delta T\Delta Y + \Delta X\Delta W\Delta TY_1 + \Delta X\Delta WT_1\Delta Y + \\ \Delta XW_1\Delta T\Delta Y + X_1\Delta W\Delta T\Delta Y_1 + \Delta X\Delta W\Delta TY_1 + \\ \Delta X\Delta W\Delta T\Delta Y\end{array}\right\} \tag{8-2}$$

式（8-2）是笔者分析主要用到的关系式，是笔者计算分析的基础，后面的模型部分将详细地分析其应用。投入产出模型的一般关系式为：$X=(I-A)^{-1}Y=BY$，其中X为总产出列向量，A为直接消耗系数矩阵，Y为最终使用列向量，I为单位矩阵，$B=(I-A)^{-1}$为列昂惕夫逆矩阵。考察各因素对总产值变动的影响，我们有：

$$\Delta X = \Delta BY_1 + B_1\Delta Y + \Delta B\Delta Y \tag{8-3}$$

由于交叉项处理起来比较繁杂，且一般情况下数值较小，故通常将共同影响合并到其中一个单因素影响中去。共有两种合并方法，见式（8－4）和（8－5）。

$$\Delta X = \{\Delta BY_1 + \Delta B\Delta Y\} + B_1\Delta Y = \Delta BY_2 + B_1\Delta Y \quad (8-4)$$

$$\Delta X = \{B_1\Delta Y + \Delta B\Delta Y\} + \Delta BY_1 = \Delta BY_1 + B_2\Delta Y \quad (8-5)$$

其中式（8－4）把技术变动的影响作用于报告期（时期2），而将产出的影响作用于基期（时期1）；式（8－5）则反之。两种分解方法都有各自特定的含义。同理，这种思想也可应用到四影响因素的结构分解分析模型且便于经济解释，本部分主要采用（8－4）、（8－5）式的合并思想来对我国能源消耗强度的影响因素进行分析。

8.2.1 我国单位GDP能耗价值量变动因素分析模型

由列昂惕夫投入产出表的行模型，具体表示为：

$$X = (I - A)^{-1}Y = BY$$

其中 X 为各部门总产出列向量，A 为直接消耗系数矩阵，Y 为最终需求列向量。笔者假定 C 为最终需求结构系数（C 中各分量之和为1），F 为各项最终需求总量，G 为 GDP 总量，f 为单位 GDP 能耗，E_i（$i=1$，2，3，4）表示各一次能源（煤、石油、天然气、水电）消费总量。则 $Y=CF$。若令 $B=(I-A)^{-1}$ 则 $X=BY=BCF=(I-A)^{-1}CF$

能源消费强度是国民经济单位GDP的能源消费量（包括生产消耗量和生活消费量），是一个国家或地区能源综合利用效率的相对指标。为进行因素分析，笔者定义“能源消耗强度”是国民经济单位GDP的能源消耗量，是一个国家或地区的生产对能源综合利用效率的平均指标。若记 $e^T = (1,1,1,1,0,\cdots,0)^T{}_{1\times 30}$，则单位GDP能耗计算公式为：

$$f = \frac{\sum E_i}{G} = \frac{eX}{G} = e\frac{1}{G}BCF = e\frac{1}{G}(I - A)^{-1}CF$$

因此，在其他条件不变的情况下，单位GDP能耗由技术系数矩阵 A 、

国内生产总值 G 、最终需求结构 C 及最终需求总量 F 决定。若令 $D=\frac{1}{G}$，以下用下标 t 表示经济结构发生变动后的变量，以下标 0 表示原来的变量。经测算发现，因素交叉项影响值相对各单因素项影响值来说可以忽略，故可利用 SDA 合并思想将交叉项影响合并至单因素影响项，这时可得单位 GDP 能耗的变动因素分析模型如下：

$$\begin{aligned}\Delta f &= f_t - f_0 = e(D_tB_tC_tF_t - D_0B_0C_0F_0)\\ &= e[(D_t - D_0)]B_tC_tF_t + D_0(B_t - B_0)C_tF_t + D_0B_0(C_t - C_0)F_t\\ &\quad + D_0B_0C_0(F_t - F_0)]\\ &= e[\Delta DB_tC_tF_t + D_0\Delta BC_tF_t + D_0B_0\Delta CF_t + D_0B_0C_0\Delta F]\end{aligned}$$

又由于

$\Delta B = (I-A_t)^{-1} - (I-A_0)^{-1} = (I-A_t)^{-1}(A_t - A_0)(I-A_0)^{-1} = (I-A_t)^{-1}\Delta A(I-A_0)^{-1}$

故 $\Delta f = e[\Delta DB_tC_tF_t + D_0(I-A_t)^{-1}\Delta A(I-A_0)^{-1}C_tF_t + D_0B_0\Delta CF_t + D_0B_0C_0\Delta F]$

由上可见，单位 GDP 能源消耗强度的变动等于国内生产总值变动、技术变动及最终需求变动影响之和。其中国内生产总值变动导致的单位 GDP 能源消耗强度的变化量为：

$$e\Delta DB_tC_tF_t = e\Delta D(I-A_t)^{-1}C_tF_t \qquad (8-6)$$

技术变动导致的单位 GDP 能源消耗强度的变化量为：

$$eD_0(I-A_t)^{-1}\Delta A(I-A_0)^{-1}C_tF_t \qquad (8-7)$$

最终需求变动对单位 GDP 能源消耗强度的影响为 $eD_0B_0(C_tF_t - C_0F_0)$，其中，最终需求结构系数变动导致的单位 GDP 能源消耗强度的变化量为：

$$eD_0B_0\Delta CF_t = eD_0(I-A_0)^{-1}\Delta CF_t \qquad (8-8)$$

最终需求总量变动导致的单位 GDP 能源消耗强度的变化量为：

$$eD_0B_0C_0\Delta F = eD_0(I-A_0)^{-1}C_0\Delta F \qquad (8-9)$$

将一次能源的计量单位均换算为“吨标准煤”，然后仿照价值量的计算得到我国单位 GDP 能耗实物量变动因素分析模型。

8.2.2 我国各阶段的单位 GDP 能耗变动因素分析结果

基于中国 1992、1997、2002 和 2004 年 30 部门能源投入占用产出表，由以上模型中的公式（8-6）、（8-7）、（8-8）和（8-9），可以得到以下结果（表 8-1、表 8-2）。

表 8-1 我国单位 GDP 能耗变动及因素分析

因素指标	1992—1997 年	1997—2002 年	2002—2004 年
单位 GDP 能源消耗强度的总变动（吨标准煤/万元）	0.009	0.011	0.022
单位 GDP 能源消耗强度的总变动（吨标准煤/万元）	-1.190	-0.900	0.200
GDP 增长引起的单位 GDP 能耗强度的变化（吨标准煤/万元）	-6.499	-1.603	-1.062
技术变动导致的单位 GDP 能耗强度的变化（吨标准煤/万元）	5.756	-0.554	1.324
最终需求结构变动引起的单位 GDP 能耗强度的变化（吨标准煤/万元）	-2.387	1.167	-0.403
最终需求总量变动引起的单位 GDP 能耗强度的变化（吨标准煤/万元）	1.942	0.090	0.341

表 8-2　一次能源能耗变动及因素分析

时间段	因素指标	煤炭	石油	天然气	电力
1992—1997 年	GDP 增长引起的单位 GDP 能耗的变化（吨标准煤/万元）	-3.207	-2.192	-0.157	-0.944
	技术变动导致的单位 GDP 能耗的变化（吨标准煤/万元）	2.831	1.538	0.121	1.265
	最终需求结构变动引起的单位 GDP 能耗变化（吨标准煤/万元）	-1.439	-1.079	0.055	0.076
	最终需求总量变动引起的单位 GDP 能耗变化（吨标准煤/万元）	1.037	0.852	0.019	0.033
	总计	-0.779	-0.881	0.038	0.431
1997—2002 年	GDP 增长引起的单位 GDP 能耗的变化（吨标准煤/万元）	-0.747	-0.567	-0.041	-0.249
	技术变动导致的单位 GDP 能耗的变化（吨标准煤/万元）	-0.749	0.126	0.005	0.064
	最终需求结构变动引起的单位 GDP 能耗变化（吨标准煤/万元）	0.935	0.151	0.015	0.067
	最终需求总量变动引起的单位 GDP 能耗变化（吨标准煤/万元）	0.044	0.030	0.002	0.0130
	总计	-0.517	-0.260	-0.019	-0.104

(续表)

时间段	因素指标	煤炭	石油	天然气	电力
2002—2004年	GDP增长引起的单位GDP能耗的变化（吨标准煤/万元）	-0.568	-0.317	-0.021	-0.157
	技术变动导致的单位GDP能耗的变化（吨标准煤/万元）	0.850	0.342	0.011	0.121
	最终需求结构变动引起的单位GDP能耗变化（吨标准煤/万元）	-0.154	-0.232	-0.009	-0.007
	最终需求总量变动引起的单位GDP能耗变化（吨标准煤/万元）	0.159	0.121	0.009	0.053
	总计	0.287	-0.086	-0.011	0.010

由表8-1和表8-2可见，GDP增长（反映经济发展水平、管理水平、对外开放以及经济体制等经济因素对能源利用效率的综合影响）起着降低我国单位GDP能耗强度的作用，1992—1997年GDP增长引起的我国每万元GDP能耗强度降低6.499吨标准煤，到2002—2004年GDP增长引起的我国每万元GDP能耗强度降低1.062吨标准煤，可见除技术及结构因素外的其他因素对我国单位GDP能耗强度的降低起显著作用，但作用强度逐年明显降低。故降低单位GDP能耗强度同保持GDP稳定增长是具有一致性的。值得注意的是以上分析过程中没有考虑产业结构这一关键因素的变动影响效应，即我们把最终需求结构及技术进步通过产业结构的间接影响效应同直接影响效应进行了加总。这使得本章得到了与前人不同的结论，技术变动在各个阶段对单位GDP能耗强度的影响效应，包括了技术变动的直接影响和通过影响产业结构调整的间接影响。在第一阶段（1992—1997）和第三阶段（2002—2004）通过产业结构变动的间接负影响效应超

过了技术变动的直接影响效应，使得总影响效应竟然对降低能耗起副作用，最终需求结构对单位 GDP 能耗强度变化的综合影响效应同技术变动相似，波动较大，而最终需求总量的变动所引起的单位 GDP 能耗强度的变化大小同其他因素所产生的结果相比，对单位 GDP 能耗的影响作用也是逐年递减，所起的作用不显著。

为能证实技术及最终需求结构变动通过产业结构的间接影响效应的存在，下面本章将分析技术进步及最终需求结构的变动对产业结构变动的影响。

8.3　技术进步及最终需求结构的变化对产业结构的影响

假定 $W = (w_1, w_2, \cdots, w_{30})^T$ 为产出结构向量，且 $\sum_{i=1}^{30} w_i = 1$，$C = (c_1, c_2, \cdots c_n)^T$ 为最终需求结构向量，且 $\sum_{i=1}^{30} c_i = 1$，A 为投入产出系数矩阵，$i^T = (1, 1, \cdots, 1)_{1\times 30}$，$P$ 为总产出总量，F 为最终需求总量，则投入产出模型为：

$$WP = (I - A)^{-1} CF \tag{8-10}$$

故由 $\sum_{i=1}^{30} w_i = 1$ 得 $P = i^T WP = i^T (I - A)^{-1} CF$

带入（8－10）式则：

$W = (I - A)^{-1} C FP^{-1} = (I - A)^{-1} C (i^T (I - A)^{-1} C)^{-1}$

令 $B = (I - A)^{-1}$，则上式变为 $W = BC(i^T BC)^{-1}$。表明列昂惕夫逆矩阵 B 的变动和最终需求结构矩阵 C 的变动共同影响着产业结构 W，现采用因素分析法分析，由 $Wi^T BC = BC$，故有以下分析模型：

$$\begin{aligned} B_t C_t - B_0 C_0 &= W_t i^T B_t C_t - W_0 i^T B_0 C_0 \\ &= (W_t - W_0) i^T B_t C_t + W_0 i^T (B_t C_t - B_0 C_0) \\ &= DW i^T B_t C_t + W_0 i^T (B_t C_t - B_0 C_0) \end{aligned}$$

故

$$DW = (I - W_0 i^T)(B_t C_t - B_0 C_0)(i^T B_t C_t)^{-1}$$
$$= (I - W_0 i^T) DBC_t (i^T B_t C_t)^{-1} + (I - W_0 i^T) B_0 DC (i^T B_t C_t)^{-1}$$
$$= (I - W_0 i^T) B_t DAB_0 C_t (i^T B_t C_t)^{-1} + (I - W_0 i^T) B_0 DC (i^T B_t C_t)^{-1}$$

由上式可以看出，其中技术变动对产业结构 W 的影响程度为：

$$(I - W_0 i^T) B_t DAB_0 C_t (i^T B_t C_t)^{-1} \quad (8-11)$$

最终需求结构变动对产业结构 W 的影响程度为：

$$(I - W_0 i^T) B_0 DC (i^T B_t C_t)^{-1} \quad (8-12)$$

基于中国1992、1997、2002和2004年30部门能源投入占用产出表，由以上模型中的公式（8-11）和（8-12），可以得到以下结果（表8-3）。

表8-3　技术进步及最终需求结构的变化对产业结构变动的影响分析表

	1992—1997			1997—2002			2002—2004		
	产业结构变动	技术变动影响	最终需求结构变动影响	产业结构变动	技术变动影响	最终需求结构变动影响	产业结构变动	技术变动影响	最终需求结构变动影响
二次能源及高耗能部门	1.380	1.730 贡献为 125.36%	-0.350 贡献为 -25.36%	-1.450	-1.580 贡献为 108.97%	0.130 贡献为 -8.97%	3.160	0.310 贡献为 9.81%	2.850 贡献为 90.19%
低耗能部门	-1.650	-2.730 贡献为 165.45%	0.960 贡献为 -65.45%	1.080	1.860 贡献为 193.75%	-0.900 贡献为 -93.75%	-3.680	-1.260 贡献为 34.24%	-2.420 贡献为 65.76%

在表8-2中，我们可以看到由于技术的变动导致单位GDP能耗呈上升趋势，一般情况下，技术是不断进步的，在产业结构不变的前提下，技术的进步将会使得单位GDP能耗呈现明显的下降趋势，但结果却与常理相反，一定是技术的变动导致了产业结构的较大变动，这一结论在表8-3

中得到了证明，1992—1997 年，二次能源及高耗能部门产业比例上升 1.38%，低能耗部门比例下降 1.65%，其中技术变动对二次能源及高耗能部门产业比例的上升和低能耗部门比例的下降均起着显著的正向推动作用，抵消了最终需求结构变动的负向作用，导致 1992—1997 年，技术变动显著地提高了能源消耗强度，而最终需求结构却起着降低能耗的作用。1997—2002 年，产业结构中能耗较高的二次能源及高耗能部门比例下降 1.45%，低能耗部门比例上升 1.08%，技术变动同样起着显著的正向推动作用，故在 1997—2002 年技术变动起着降低我国单位 GDP 能耗的作用。2002—2004 年的情况同 1992—1997 年相似，只是作用强度稍有降低，故 2002—2004 年技术变动对能耗升高的正向推动作用小于 1992—1997 年的强度。因此，技术变动与产业结构升级之间是相互促进、相互影响的。技术变动推进产业结构的升级，反过来，产业结构升级也会通过相关产业的发展，为具体产业技术的发展构筑起高水平的操作“平台”，推进产业技术变动。由于这种相互作用机制，技术变动必然成为促成和推进产业结构升级和良性循环的关键。技术的进步除降低单部门的能耗之外，也导致整个产业结构的调整，并且在整个产业结构调整中具有决定性的作用。

8.4　本章小结

能源强度反映的是能源的利用效率。我国能源利用效率虽然有了很大的提高，但相对发达国家来看，能源强度的下降仍然有很大的空间。在我国制度变革和逐步开放的时期，正是持续不断的制度创新、管理进步、结构调整和技术进步并扩散推动了我国能源强度出现持续快速下降，这一下降趋势实际上反映了我国在经济体制、管理方法和技术水平等方面与世界逐步接轨融合的过程。以投入占用产出分析为基础，本章将能源强度变化影响因素分解为宏观因素（GDP 的增长、需求总量的变化）和微观因素（技术变动、结构调整），建立了我国单位 GDP 能耗的投入占用产出因素分析模型，并基于我国现有的能源统计数据进行了分析。结果表明：过去十几年间我国能源强度下降的主要动力来自宏观因素（以 GDP 的增长反映了制度创新、管理进步等其他因素）及部分微观因素（结构调整）；但技术的变动为影响能耗变动的关键因素，其影响结果波动较大，对节能降耗的潜在影响最大，并在产业结构变动的影响效应持续降低的情况下，加强对技术水平的提高，将对实现我国节能降耗的目标起到关键作用。

第9章 一次能源消费结构变化对单位GDP能耗的影响

我国煤炭消费占一次能源消费的69%，以煤为主的能源消费结构和比较粗放的经济增长方式，带来了许多环境和社会问题。我国能源组合利用效率为36.8%，比世界各国平均的利用效率50%低10多个百分点，而我国的能源利用效率与发达国家的能源利用效率差距大的主要原因在于以煤为主的能源结构。也就是说，不同的能源品种具有不同的利用效率，不同的能源消费结构也会产生不同的组合能源利用效率。同时，第8—9章的研究也表明我国未来能源消费形势严峻，提高能源效率的核心应是重视能源结构的调整和优化，因此本章将进一步研究一次能源消费结构变化对单位GDP能耗的影响效应。

9.1 国内外能源结构优化实践与研究述评

能源结构的不合理，不但制约着能源工业本身，也制约着整个国民经济的协调发展。美国、欧盟国家和日本在优化能源结构方面为中国提供了很多经验和教训。但各国的国情不尽相同，我国目前还处在大力发展工业化的阶段，能源使用效率很低，故优化能源结构、节能降耗、提高综合利用水平应成为我国能源战略的重要部分。

美国、欧盟国家和日本是世界主要的能源消费国家，虽然这些国家的能源消费量和石油消费量近些年在世界能源总消费量和世界石油消费总量中所占的份额都在逐渐降低，但对世界能源形势和未来的影响仍是举足轻重的。多年来这些国家在控制石油和能源消费增长方面取得明显成效，同时在能源多元化、加强能源技术开发、可再生能源利用、提高能源效率、节能等方面也取得成效。尽管这些国家在能源发展方面采取了不尽相同的途径，但殊途同归，低碳高效是发展方向，降低能耗、保护环境是最终目标（见表9－1）。

表9－1　美国、欧盟国家和日本能源消费政策与实践

区域	政策	实践
美国	节约能源、提高能源利用效率、减少能源消费量；优化能源消费结构，开发利用可再生能源。	1970—2003年美国能源消费煤炭增长85.1%，可再生能源增长50.9%；石油增长32.3%，天然气增长8.6%。石油、天然气、煤炭、核能和可再生能源的消费量逐渐形成一定的比例，逐步改变了油气消费份额过大的状况。
欧盟	降低石油在能源消费中的份额，增加天然气的消费比重，并保持煤炭一定的产量和消费量，提高能源利用效率。	1991—2004年，德国能源消费结构中石油消费份额从41.0%降至37.4%，天然气的份额从17.0%增至23.4%，煤炭份额从30.0%降至25.9%，核能、水电和可再生能源的消费量有不同程度的增长，在能源结构中占的份额从11%增至13.3%。
日本	进一步改善能源结构，降低能源消耗，实现能源多样化，探索最佳综合利用途径。	1970—2003年的30多年间，日本实现了能源消费结构调整，石油从77%减少到49.2%，天然气从1.5%上升到13.8%，核能达到10.3%。

与世界能源结构的平均情况相比，中国是世界煤炭消费量最多的国家，占世界煤炭消费量的34.4%，在一次能源中的消费比例远高于世界平均水平；中国原油消费总量位居世界第二，占世界原油消费总量的8.2%，

但在一次能源中的消费比例为 22.2%，低于世界平均水平近 15 个百分点；天然气消费量较低，在一次能源消费中的比例不到 3%，远低于世界平均水平。

国际能源效率比较研究表明，我国能源系统的生产与利用等各个环节存在问题较多，能源平均利用率只有 30% 左右，每 1 美元 GDP 的耗能量是世界平均水平的 3 倍，是所有发展中国家平均水平的 2 倍，节能潜力很大。能源结构以煤为主造成我国能源效率低下的主要原因如下：一是以煤为燃料的中间换热装置效率低，二是以煤为燃料的终端能源利用装置效率又低于液体或气体燃料．以煤为主的能源结构能源效率比以油气为主的能源效率低 8—10 个百分点。能源结构的优质化进程对能源需求总量影响很大，据“中国能源发展战略与政策研究报告”课题组估计（2004），能源消费结构中煤炭的比重每下降一个百分点，相应的能源需求总量可降低 2000 万吨标准煤。根据能源供应分析结构优化方案，2020 年可少用 1.28 亿吨标准煤。

但我国特有的资源赋存，又决定了以煤为主的能源消费结构在短时间内是难以改变的，在我国已探明的能源储量中，煤炭占 94%、石油占 5.4%、天然气占 0.6%，具有富煤、贫油、少气的特点。使得国民经济的各部门除交通运输之外几乎均以煤为主要燃料，对石油的依赖也越来越严重。中国的能源战略应当重点发展清洁能源和高效能源，优化能源消费结构，特别是发展天然气、核电和水电，减少对煤和石油的依赖。要调整和优化能源结构，实现能源供给和消费的多元化，要使中国的能源资源得到最有效的配置和利用，关键是要准确把握它们对能源消耗强度的直接和间接关系，寻找科学的且可量化的优化参考标准。

吴雪峰（2003）通过对我国能源结构的现状分析，提出我国能源结构调整的趋势必然是大力发展天然气；丁代平（2006）从各产业对能源的需求发展趋势，局部分析了产业需求量对能源结构的影响，建立回归模型分析各产业生产总值与能源消费结构的关系，从量上考察产业发展对能源消费结构的影响；胡德勇、周宏春（2001）从全球经济一体化的角度，基于我国能源资源的禀赋特征、技术经济的可行性、可持续发展战略实施的要求等，对我国能源结构调整及其目标进行探讨；刘戒骄（2003）从经济全球化的大趋势和市场体制的客观要求出发，正视我国能源体系长期游离于世界能源体系之外积累的问题，从战略视角分析了影响中国能源结构转换的背景及制约因素，分析说明了中国的工业化和城市化不仅要求能源结构向有利于环境的方向转变，而且要求将包括能源体制在内的整个能源体系融入世界经济体系之中；“中国能源发展战略与政策研究报告”课题组（2004）分析了我国能源供应结构调整和优化所面临的机遇和挑战，提供了能源供应发展战略和政策建议。王端旭、石瑛（1996）分析了我国工业耗能结构的优化问题，在假定方案下，提高石油及天然气的消耗比重，使得单位能耗平均降低 3.2%（在第一种方案假定下即目前的出口用油转为国内使用）和 3.65%（在第二种方案假定下即再增加国内石油开发 5%、天然气开发 10%）。Zhi－Yong Han（2007）等利用中国 1978—2003 年的数据，分析了能源结构对能源效率的影响效应、能源边际效率及能源边际替代率。国外大多从能源替代（Edenhofer，1998）、经济结构（Farla，1998）、工业结构（Jenne，1983）等方面对能源的利用效率进行研究。

综上所述，前人的研究成果集中于讨论能源消费结构优化的必要性和迫切性、能源消费结构优化的影响因素及其和经济结构间的密切关系，给出影响能源消费强度的因素有技术水平、管理水平、产业结构、能源消费结构、价格因素等诸多方面。但在能源消费结构优化对能源消费强度的影响效应定量测算方面，至今鲜有成果出现。我国能源结构的调整和优化，对提高能源效率起着至关重要的作用，为了弥补这一缺陷，本章基于 1980—2004 年的能源统计数据，在考虑技术和管理水平等其他因素的基础上，利用通径分析和多元回归方法，综合研究各种一次能源消费结构变化对节能降耗的直接和间接影响效应，为我国能源结构优化提供决策依据。

9.2　我国能源消费结构影响效应的通径分析

多年来，我国着力解决能源供需平衡问题，忽视了能源结构改善的研究和实践对我国节能的重要影响，使得影响效应的定量测算分析少有人涉及。为了更好地分析一次能源消费结构变化对我国单位 GDP 能耗强度的影响效应，本章首先要搞清一次能源消费比例间的相互关系及其与单位 GDP 能耗强度的直接与间接关系，据此给出一次能源消费比例变化对能源强度的影响路径。

9.2.1　通径分析方法

通径分析是简单相关分析的继续，在多元回归的基础上将相关系数加以分解，通过直接通径、间接通径及总通径系数分别表示某一变量对因变量的直接作用效果、其他变量对因变量的间接作用效果和综合作用效果。

设有自变量 $x_1, x_2, \cdots, x_k$，因变量 y，可得多元线性回归分析：

$$y = \beta_0 + \beta_1 x_1 + \beta_2 x_2 + \cdots + \beta_k x_k \tag{9-1}$$

本章假定 $\bar{x}_i$ 表示样本 x_i 的均值，若令 σ_y 表示样本 y 的标准差，用 σ_{x_i} 表示样本 x_i 的标准差，由（9－1）可得变量间的标准化多元线性回归模型，令：

$$\beta_i' = \beta_i \frac{\sigma_{x_i}}{\sigma_y} \tag{9-2}$$

则 β_i' 表示标准化系数，由此可见，标准化系数不仅与自变量的回归系数有关，而且与这个自变量的波动程度有关。如果波动程度较大（自变量的标准差较大），自变量就会显得较为重要，否则就显得不太重要。然而在利用公式求解标准化系数时，没有考虑各变量间是否存在交互作用及通过其他自变量的影响效应。利用通径分析法我们很容易解决这个问题。

若 r_{ij} 表示 x_i 和 x_j 之间的简单相关系数，r_{iy} 表示 x_i 和 y 之间的简单相关系数，则各简单相关系数的分解方程用下式表示：

$$\begin{cases} p_{1y} + r_{12}p_{2y} + \cdots + r_{1k}p_{ky} = r_{1y} \\ r_{21}p_{1y} + p_{2y} + \cdots + r_{2k}p_{ky} = r_{2y} \\ \cdots \\ r_{k1}p_{1y} + r_{k2}p_{2y} + \cdots + p_{ky} = r_{ky} \end{cases} \tag{9-3}$$

这是通径分析的基本模型。其中，p_{iy}为直接通径，即是x_i与y标准化后的偏相关系数，表示x_i对y的直接影响效应；x_i对y的直接决定系数为$R_i^2 = p_{iy}^2$；$r_{ij}p_{jy}$为间接通径，表示x_i通过x_j对因变量y的间接影响效应；$R_{ij}^2 = 2p_{iy}r_{ij}$，p_{jy}表示x_i通过x_j对因变量y的间接决定系数$R(i)^2 = R_i^2 + \sum_{i \neq j} R_{ij}^2$反映了$x_i$对$y$的综合作用，定义为$x_i$对$y$的决策系数；$\sum_{i \neq j} r_{ij}p_{jy}$即表示$x_i$通过其他变量对因变量的总间接影响效应。上述方程组的基本意义是，将每一个自变量与因变量的简单相关系数r_{iy}分解为p_{iy}（直接通径效果部分）和$\sum_{i \neq j} r_{ij}p_{jy}$（总间接通径效果部分）。由于经济现象之间的相互影响关系错综复杂，人们对于经济现象认识的局限，在设定模型时不可能把影响因变量的所有因素都考虑进去，所以应进一步计算遗漏变量和误差项对因变量y的通径效应系数，即剩余效应p_{ay}，计算公式为：

$$p_{ay} = \sqrt{1 - \sum_{i=1}^{k} p_{iy}r_{iy}} \tag{9-4}$$

若剩余效应很小，说明通径分析已把握了主要变量，否则表示通径分析可能遗漏了某些主要影响因素，需进一步寻找别的因素进行分析。

9.2.2 我国能源消费结构影响效应通径分析结果

由9.1节的分析结果可知，技术水平、管理水平等的变化对单位GDP能耗强度有显著的影响，但具体表现又很难测度，为方便分析，本章可把这些影响显著但难以测量的因素归结为随时间变化的变量x_5（笔者始终假定$x_5 = t$）（Zhi－Yong Han，2007）；据此假定：Y为能源强度；x_i（$i = 1, 2, 3, 4$）为第i种能源的消耗占总能源消耗的比例，分别为：煤、石油、天然气、水电；x_5 为时间，ε 为随机误差项。利用 1980—2004 年的能源统计年鉴数据，先得到各变量之间的相关系数矩阵，再利用公式（9－3），笔者得到变量间的通径系数：

$p_{1y}=0.422115$，$p_{2y}=0.133614$，$p_{3y}=0.333869$，$p_{4y}=-0.14589$，$p_{5y}=-0.65157$

则决定系数 $R^2=\sum_{i=1}^{5} p_{iy}r_{iy}=0.98931$，故剩余效应为 $p_{ay}=\sqrt{1-R^2}=0.1034$，说明选定的因素对变量的解释能力达到了 98.931%，通径分析把握住了主要的影响因素。

表 9－2　一次能源消费比例对单位 GDP 能耗影响作用通径分析表

自变量	总影响 r_{iy}	直接影响 p_{iy}	总间接影响	通过 x_1 间接影响	通过 x_2 间接影响	通过 x_3 间接影响	通过 x_4 间接影响	通过 x_5 间接影响
x_1	0.678317	0.422115	0.256202		−0.13216	−0.2173	0.125157	0.480512
x_2	−0.61168	0.133614	−0.745294	−0.41753		0.225556	−0.11513	−0.43818
x_3	0.047091	0.333869	−0.2867	−0.27474	0.090267		−0.04038	−0.06192
x_4	−0.91192	−0.14589	−0.7660	−0.36212	0.105441	0.092414		−0.60177
x_5	−0.97602	−0.65157	−0.3245	−0.3113	0.089856	0.03173	−0.13474	

由表 9－2 中数据可明显看出，各变量对能源单耗强度的直接作用大小排序（按绝对值大小排序）为：$x_5>x_1>x_3>x_4>x_2$，但从综合影响看（相关系数绝对值大小）排序为：$x_5>x_4>x_1>x_2>x_3$。以其中变化最明显的水电为例详细分析，水电对单位 GDP 能耗强度 y 的直接作用（$p_{4y}=-0.14589$）并不显著，但它与技术和管理水平等和煤的消耗比重的相关显著，通过技术和管理水平对单位 GDP 能耗强度 y 的限制作用达到 −0.60177，

通过煤的消耗比重对 y 的限制作用达到 -0. 36212，而通过石油的消耗比重和天然气的消耗比重对 y 的促进作用不能抵消前面的限制作用，因而导致 $r_{4y} = -0.91192$，故 x_4 对变量 y 的综合影响大的原因是通过其他因素间接作用的结果，只通过改变水电 x_4 的大小无法对单位 GDP 能耗强度 y 的变化起到很大的作用，还必须通过调整技术和管理水平等和煤的消耗比重的间接作用才能达到效果，直接及间接影响路径分析结果见下图 9 - 1。

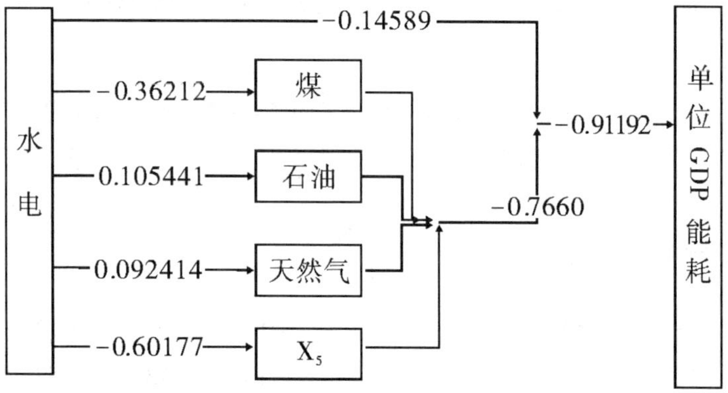

图 9 - 1　水电消费比例对单位 GDP 能耗的通径分析图

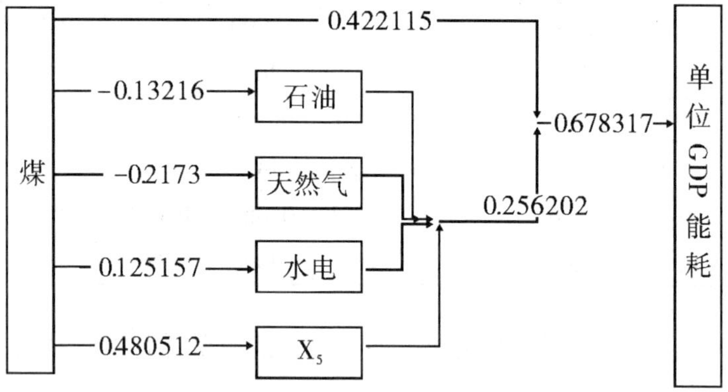

图 9 - 2　煤消费比例对单位 GDP 能耗的通径分析图

煤的消耗比例对能源单耗的直接影响为 0. 422115，总间接影响为 0. 256202；总的影响为 0. 678317，故在管理水平及技术水平不高、水电消费比例不大的情况下，降低煤的消耗比例，提高石油及天然气的消费比例才能有效地降低能源强度。通径分析结果见图9－2。

石油消耗比例对能源单耗的直接影响为0.133614，但总的影响显著的负相关为－0.61168，导致这种结果的原因是总间接影响为－0.745294。如果单就提高石油的消费比例，还将会在一定程度上增加能源消耗强度（因 p_{2y} = 0.133614），但是通过技术水平及管理水平的上升、煤的消耗比例的下降等，间接影响可以达到有效降低能耗的目的（因总间接影响为－0.745294）。直接及间接影响路径分析结果见图9－3。

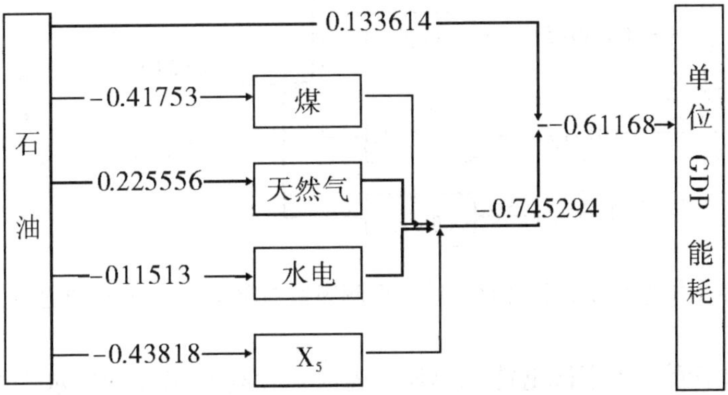

图9－3　石油消费比例对单位GDP能耗的通径分析图

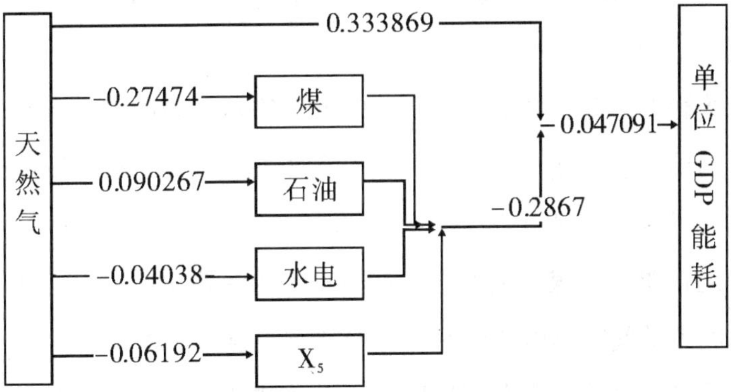

图9－4　天然气消费比例对单位GDP能耗的通径分析图

天然气消耗比例对能源单耗的直接影响为0.333869，但总的影响仅为0.047091，这是因为通过其他变量的总间接影响为－0.2867，抵消了直接正面影响。直接及间接影响路径分析结果见图 9－4。

x_5（技术水平及管理水平等不可测因素）对能源单耗直接影响为－0. 65157，而且总的间接影响也为－0. 3245，导致总的影响显著负相关，为－0. 97602。直接及间接影响路径分析结果见图 9－5。

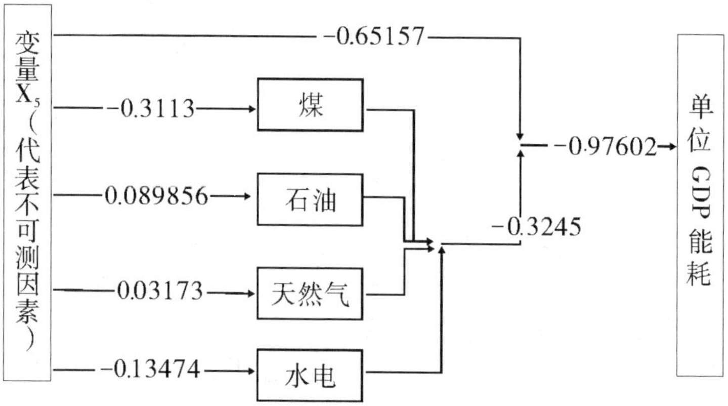

图 9－5　技术水平、管理水平等不可测因素对单位 GDP 能耗的通径分析图

总的来看，为了降低能源单耗首先应该使得技术和管理水平等不断地优化升级，其次是提高水电及石油的消费比例，降低煤炭消费比例，但这些调整措施要达到一定效果，必须通过其他相关因素的间接影响才能实现。

由直接影响来看，技术水平及管理水平等不可测因素、煤的消耗比例是直接影响单位能耗变动的主要因素（绝对值最大）。单位能耗的降低首先要通过技术和管理水平等不断地优化升级，其次是提高水电的消耗比例，降低化石能源（煤、天然气、石油）等的消费比例，但石油和天然气通过其他因素的间接影响均能对降低能耗有很显著的贡献。

从间接影响来看，水电消耗比例和石油消耗比例位居前茅，但都是主要通过技术水平及管理水平的上升和煤的消耗比例下降间接地对降低能源单耗产生影响。

由表 9－2 还可算出五个影响因素的决策系数为：$R(1)^2 = 0.394475$，

$R(2)^2 = -0.18131$，$R(3)^2 = -0.08002$，$R(4)^2 = 0.244804$，$R(5)^2 = 0.847349$。故 $R(5)^2 > R(1)^2 > R(4)^2 > R(3)^2 > R(2)^2$，决策系数的排名反映了各因素在决策过程中对目标的综合作用的大小，故在节能降耗的过程中，技术水平及管理水平等不可测因素（$R(5)^2 = 0.847349$）决定作用最大，不单本身对降低能耗的直接作用最大（-0.65157），还通过其他变量也对降低能耗产生重要作用（-0.3245）。$R(2)^2 < 0$，故石油消耗比例对单位 GDP 能耗的变化为主要限制性因素，因为它本身直接影响为正（0.133614），但通过其他变量的间接作用为显著负相关（-0.745294）。故就我国的现实国情来说，要降低能耗，必须将提高技术水平、管理水平放在第一位，同时提高石油的消费比例。

9.3　我国能源消费结构影响效应的多元回归模型

回归模型作为一种因果型的统计分析方法，因其扎实且有说服力的数理基础使其应用范围越来越广。但在实际操作时却常常会遇到多重共线性破坏模型准确程度的问题，如不在制定模型过程中加以避免，会直接导致模型的失败。就回归理论而言，应用回归方法有这样一个约定，即：在多元回归中，只有在解释变量彼此之间不是完全或高度相关的情况下，多元方程才能使我们对各解释变量的每单位变动对 Y 均值的净影响作出可靠的估计。为更准确地建立多元回归模型，我们先要搞清各种影响因素之间的相互关系及它们与能源强度的直接与间接关系，据此给出各种影响因素对能源强度的影响路径，消除多重共线性的影响，而通径分析正好为我们提供了解决这一问题的工具。

利用本章分析结果假定：y 为能源强度；x_i（$i=1,2,3,4$）为第 i 种能源的消耗占总能源消耗的比例，分别为：煤、石油、天然气、水电；x_5 为时间，ε 为随机误差项。建立回归模型如下：

$$y = \beta_0 x_5 + \sum_{i=1}^{4} \beta_i x_i + \varepsilon \tag{9-5}$$

其中 $\beta_i(i = 0,1,\cdots,5)$ 为回归系数，利用中国 1980—2004 年的能源统

计数据和 GDP 数据，估计上式系数，得到以下方程：

$$y = -3.66293 + 0.07596x_1 + 0.033635x_2 + 0.613034x_3 - 0.0982x_4 - 0.07778x_5 \quad (9-6)$$

对该方程进行显著性检验的结果是 $R^2 = 0.98931$，修正结果为 0.984451，说明拟合效果非常显著，而且方差分析的结果是 F 值为 203.5987，远大于临界值 9.58，故回归效果非常显著。但是对回归系数的 t 检验，除 x_3 的系数通过检验外，其他均不通过。故须重新建立模型。

由表 9-2 可见，x_4 与 y 的简单相关系数为 -0.91192，而直接影响系数仅为 -0.14589，意味着 x_4 对 y 的影响是通过其他元素间接影响，间接影响达到了 -0.7660，与 x_5 和 x_1 之间存在较强的多重共线性；同样可分析得到 x_2 与 x_5 和 x_1 之间也可能存在多重共线性。故在建立修正模型时可依次剔除引起多重共线性的元素 x_4 和 x_2。我们先剔除 x_4 得到回归模型为：

$$y = -10.9814 + 0.148799x_1 + 0.103219x_2 + 0.684284x_3 - 0.08086x_5 \quad (9-7)$$

对该方程进行显著性检验如表 9-3：

表 9-3　(9-7) 式显著性检验表

	系数	标准误差	t 统计	P 值
截距项	-10.9814	5.658684	-1.94063	0.07616
煤　炭	0.148799	0.057626	2.582141	0.024003
天然气	0.684284	0.116319	5.882821	7.45E-05
时　间	-0.08086	0.00995	-8.12617	3.2E-06
石　油	0.103219	0.066503	1.552097	0.146602

对模型的检验得到 $R^2 = 0.988772$，修正后为 0.98503，方差分析的结果是 F 值为 264.1929，远大于临界值 $F_{0.001(4,12)} = 9.63$，故回归方程的拟合效果非常好。回归系数的 t 检验结果均在不同程度下通过检验。故不再剔

除 x_2，为了更准确地描述各因变量与自变量之间的关系，将样本的波动影响考虑在内，利用公式（9－1）、（9－2），我们得到标准回归模型如下：

$$y' = 0.8267x_1 + 0.4098x_2 + 0.3727x_3 - 0.6774t \qquad (9-8)$$

标准化回归模型（9－8）中的标准化回归系数，表示了能源结构及技术和管理的变化对能源消耗强度的影响，技术和管理的进步会降低能源消耗强度（系数为－0.6774），而煤、石油及天然气的消耗会不同程度地对能源消耗强度产生影响，其中以煤为最，在其他条件不变的情况下，每增加1%的煤炭消耗比例，就会使单位能耗上升0.8267%，其次为石油和天然气，这个结果与它们的利用效率大小相符合。

9.4　本章小结

从通径分析和多元回归分析的结果可以看出，我国单位GDP能耗与一次能源消费结构的变化有极大的相关性。能源结构的优化对降低单位GDP能耗起着重要的作用，具体分析如下：

（1）由通径分析的结果可知，如果要通过调整能源结构来降低能耗，必须同时通过技术及相关管理水平的提高和进步，技术进步及管理水平的上升是通过调节能源结构达到降低能耗的关键途径。故依据中国国情，能源的消费要“以煤为主，多元发展”，在煤的消费比例下降幅度较小的情况下，要想达到节能降耗的目的，必须首先重视技术的进步及管理水平的提高，同时提高石油的使用比例，尤其要重视水电的发展。

（2）由回归方程的结果可以看出，技术进步和管理水平的提高对能耗降低起到显著的作用，比例为1∶0.6774。煤炭消费比例每降低一个百分点，可以使单位GDP能耗降低0.8267%，但是在降低煤炭消费比例的同时，肯定要增加其他化石能源的消费。由于能源的利用效率不同，假定用煤炭的利用效率为27%、石油的利用效率为50%、天然气的利用效率为57%估算（宣能啸，2004），每降低一个百分点煤炭消费比例，在化石能源之间可替代的情况下，需石油消费比例增加0.54%或天然气的消费比例增加 0. 47%。据此，如果以油代煤，则单位 GDP 能耗降低 0. 8267% - 0. 2213% = 0. 6054%；如果是以气代煤，则单位 GDP 能耗降低 0. 8267% - 0. 1752% = 0. 6515%。但是这些替代假定的实现需要技术上的可行性和合理的能源价格。

第三编

我国于2016年12月公开发布了《能源生产和消费革命战略（2016—2030）》，不仅进一步明确了能源革命的战略目标，还明确提出要推动能源消费革命，开创节约高效新局面，冰冻重点领域率先突破，如电力需求侧管理活动和非化石能源跨越发展行动等。因此，立足于该时代背景和前两编的研究经验，本编尝试性地对能源革命的影响效应进行模拟分析。

本编的具体研究内容如下：

第 10 章立足于现阶段倡导的能源系统革命，基于以往的能源消费系统研究经验，分析由此产生的经济与环境影响，这一研究将具有重要实践及指导意义。

第 11 章进一步具体分析清洁能源发电部门的产业关联，以及由其发展带来的经济与环境影响将会为我国发电产业节能减排政策的制定提供一定的实践参考。

第10章 中国能源系统革命及其影响研究

2016年我国能源消费总量约43.6亿吨标准煤（国家统计局，2017），比2010年增长1.2倍左右，其中煤炭消费量居高不下，占能源消费总量的62%。作为世界上最大的CO_2排放和能源消费国，以煤为主的能源消费结构产生了包括雾霾在内的诸多环境污染问题，严重制约了我国的经济可持续发展能力。2017年1月，国家能源局发布《能源发展"十三五"规划》，指出到2020年把能源消费总量控制在50亿吨标准煤以内，非化石能源消费比重提高到15%以上，天然气消费比重力争达到10%，煤炭消费比重降低到58%。中国能源系统革命也提出了更为长远及严格的目标，以推动能源消费总量的降低、消费结构的低碳化。因此，本章立足于现阶段倡导的能源系统革命，基于以往的能源消费系统研究经验，分析由此产生的经济与环境影响，这一研究将具有重要实践及指导意义。

10.1 文献及研究方法

Scott等定量分析了通过推进可再生能源的发展以及节能减排技术，对一些社会经济参数，如就业市场、整体经济发展、居民收入产生怎样的影响。Pollin等测算了由传统的能源消费模式向可再生能源消费模式过渡时带来的经济影响，包括测定由其所带来的绿色就业的问题。Malik等一些学者运用投入产出分析模型研究了通过推动可再生能源产业的发展将会对就业市场产生积极的影响。何建坤分析了我国能源消费的现状，指出能源系统革命的迫切性要求，提出创新性的能源战略转型思路。廖明球将节能与减排部门同时纳入投入产出的分析框架中，建立基于“节能减排”的投入产出模型。闫浩等借助投入产出法分析了我国能源部门、静脉产业对国民经济各部门的直接和完全波及效应，提出了关于深化节能减排的相关政策建议。温丹霞基于2007年的投入产出表，建立一般均衡模型，考察了中国清洁发电技术减排的企业成本与社会成本。回顾相关研究可以发现，目前对我国能源系统革命产生的经济和环境影响的研究相对较少，尤其是缺少定量综合分析。因此，对我国能源系统革命进行深入分析并构建定量分析模型，研究由其带来的社会经济和环境影响，将具有重要的理论价值。

投入产出模型相比其他方法可以更加充分地体现部门之间的内在联系，在研究对环境与经济的直接与间接影响方面具有明显的优势。笔者将采取投入产出模型定量分析能源系统革命对经济与环境的影响。投入产出模型1931年由列昂惕夫开始创建，并于1970年首次利用投入产出模型分析环境问题。其后，许多学者将其利用到能源与环境领域的研究，Miller和Blair用这种方法分析了由最终需求而引起的能源消耗。在中国，投入产出模型与碳排放关系方面的研究已有较多的文献。刘洪涛系统地分析了我国最终需求的变动对能源消费的综合影响效应。肖皓从供给和需求、产出和增加值的内在联系出发，分析影响碳排放强度的因素，得出最终需求结构的调整也是降低碳排放的手段之一。

很多学者也运用投入产出模型对经济问题进行研究，Markaki运用投入产出模型分析了2010—2020年清洁能源的投资对希腊经济的影响。Garrett和Peltier通过比较提高能源效率、大力发展可再生能源与传统化石能源所带来的就业状况，发现当100万美元的传统能源转化为可再生能源将会带来5个就业机会。沈利生基于投入产出模型将最终需求结构与三次产业结构结合起来进行分析，研究最终需求变动对产业结构变动的影响。

通过对近期相关文献的回顾可以发现，虽然对于投入产出模型的研究以及能源系统革命的理论研究均已相对成熟，但目前鲜有对能源系统革命带来的经济与环境影响进行定量分析。本章以电力部门为例，基于 2012 年投入产出表，将电力部门进行细化，分解为燃煤发电、燃气发电、水电、风电、光电、生物质能发电与核电，同时分解出环保产业部门及静脉产业，即将生态保护与环境治理部门和废品废料独立，最终构建 30 部门投入产出表。本章进一步构建了包括居民收入与消费影响的投入产出局部闭模型，从推动能源体系的低碳化与节能减排两个角度研究能源系统革命对于中国能源消费、污染物的排放、GDP 以及就业情况的影响，即研究增大对可再生能源供电的最终需求同时降低化石能源供电的需求，与增大环保部门和静脉部门的最终需求，对中国环境与经济发展的影响，从而为国家制定能源与环境政策提供依据。

10.2　模型和数据

10.2.1　投入产出局部闭模型

根据 2012 年的投入产出表，定义直接消耗系数如公式（10 - 1）：

$$a_{ij} = \frac{z_{ij}}{x_j} \tag{10-1}$$

其中 z_{ij} 表示第 j 个部门对第 i 个部门产品的直接消耗量，x_j 表示第 j 个部门的直接投入，用矩阵 X 表示，a_{ij} 表示第 j 个部门生产单位产品对第 i 个部门产品的直接消耗量，用矩阵 A 表示。根据列昂惕夫的研究成果，建立投入产出的行模型为公式（10 - 2）：

$$AX + Y = X \tag{10-2}$$

其中 Y 表示最终需求矩阵，整理得公式（10 - 3）：

$$X = (I - A)^{-1} Y \tag{10-3}$$

其中，I 表示单位矩阵，式（10－3）为列昂惕夫模型，反映了最终需求与总产出之间的关系。$(I-A)^{-1}$ 是列昂惕夫逆矩阵。

当总产出变动时，将会带来居民收入的变动，而收入的变动将会带来消费的变动，从而创造新的最终需求，从而导致总产出的变动，所以笔者在分析能源革命的影响效应时，将居民消费作为列向量并入中间投入象限，将劳动者报酬作为行向量并入中间投入象限，从而构建投入产出局部闭模型。在本书的投入产出局部闭模型中，A 矩阵变为：

$$A^{*}=\begin{bmatrix} a_{11} & \cdots & a_{1n} & a_{1,n+1} \\ \vdots & \vdots & \vdots & \vdots \\ a_{n1} & \cdots & a_{nn} & a_{n,n+1} \\ a_{n+1,1} & \cdots & a_{n+1,n} & a_{n+1,n+1} \end{bmatrix}$$

据以上模型，当最终需求变动后，变动的总产出为（10－4）：

$$\Delta X=(I-A^{*})^{-1}\Delta Y \qquad (10-4)$$

10.2.2 部门的拆分与合并

(1) 对投入产出表已有部门的拆分与合并

首先将 2012 年 139 部门投入产出表合并为 43 部门（含生态保护与环境治理部门）投入产出表，根据可得到的电力投入数据，本章对 43 部门进行拆分与合并，得到 24 部门的投入产出表。调整的部门与 43 部门投入产出表的对应关系如表 10－1 所示：

表 10－1　已有部门的调整过程

24 部门投入产出表中的部门	对 43 部门投入产出表的处理过程
石油部门	将“石油与天然气开采业”根据实物消耗量按比例拆分，将“石油、炼焦产品与核燃料加工业”与“石油开采业”合并作为石油部门

（续表）

24 部门投入产出表中的部门	对 43 部门投入产出表的处理过程
天然气部门	将“燃气的生产与供应业”与“天然气开采业”合并作为天然气部门
矿产采掘业	将“金属矿采选产品”与“非金属矿和其他矿采选产品”部门合并
纺织业	将“纺织品”与“纺织服装鞋帽皮革羽绒及其制品”部门合并
木材加工与造纸业	将“木材加工品和家具”与“造纸印刷和文教体育用品”部门合并
金属冶炼和加工业	将“金属冶炼和压延加工品”与“金属制品”部门合并
通用专用设备	将“通用设备”与“专用设备”部门合并
其他服务业	将其余 14 个服务行业合并作为其他服务业

（2）对电力部门拆分

常用的 139 部门投入产出表中已经含有清洁能源发电的数据，但是这些数据并没有在 139 部门投入产出表中显示出来，这就对能源系统革命对经济与环境的影响的分析造成了不便。本章运用 2012 年投入产出表的既有数据，将电力部门划分为燃煤发电、燃气发电、水电、风电、光电、生物质能发电与核电，具体的拆分方法如下：根据《中国可再生能源数据手册》确定各种能源发电的比重，定义为 w_1 到 w_7，分别对应燃煤发电、燃气发电、水电、风电、光电、生物质能发电与核电。将各种发电技术总投入中对各部门消耗的比例定义为 f_{jn}，根据相应的比例即可建立各种发电技术发电的列向量，其中 x 表示电力部门的总投入。

$$\begin{bmatrix} f_{11} \times w_1 \times x & \cdots & f_{71} \times w_7 \times x \\ \vdots & \vdots & \vdots \quad \vdots \\ f_{1n} \times w_1 \times x & \cdots & f_{7n} \times w_7 \times x \end{bmatrix}$$

假定各种发电技术产生的电力用途相同，则按照各种发电技术的比重将其进行分解从而建立行向量，并建立含有清洁能源发电部门的矩阵。最后根据投入产出表的行列和，用 RAS 法进行调平。即找到两个对角矩阵，分别记为 $R = dig(r_1, r_2 \cdots r_n)$ ，$S = dig(s_1, s_2 \cdots s_n)$ ，使得 $A_1 = RA_0S$ ，其中 A_1 的行和与所给中间向量的行和一致，列和与所给中间向量的列和一致。

通过对已有部门的拆分与合并以及对电力部门的分解，最终确定 30 部门投入产出表的部门及代码如表 10－2 所示，下文将用代码表示各个部门。

表 10－2　30 部门投入产出表部门及代码

代码	部门	代码	部门	代码	部门
01	农林牧渔产品和服务	11	核电	21	电气机械和器材
02	煤炭采选产品	12	矿产采掘业	22	通信设备、计算机和其他电子设备
03	石油部门	13	食品和烟草	23	仪器仪表
04	天然气部门	14	纺织业	24	其他制造产品
05	燃煤发电	15	木材加工品和造纸业	25	废品废料
06	燃气发电	16	化学产品	26	水的生产和供应
07	水电	17	非金属矿物制品	27	建筑业
08	风电	18	金属冶炼和加工业	28	交通运输、仓储和邮政
09	光伏发电	19	通用专用设备	29	生态保护与环境治理
10	生物质能发电	20	交通运输设备	30	其他服务业

10.2.3　环境与经济影响的衡量指标

(1) 能源系统革命对环境的影响

对于污染物的排放，本章主要考虑在化石能源消费过程中产生的 CO_2 排放量、SO_2 排放量、NO_x 以及粉尘的排放量。根据 IPCC 方法，采用化石能源利用过程中的污染物排放因子计算污染物的排放量。

$$Q_j = \sum_{k=1}^{n} E_j \times f_k \tag{10-5}$$

其中 Q_j 表示 j 部门的污染排放量，k 表示能源的种类，选取煤、石油、天然气这三种化石能源，f_k 是第 k 种能源的碳排放系数，可以从相关的排放系数手册获得。根据以上公式，当 j 部门总产出变化 Δx_j，j 部门污染物排放量的变化为：

$$\Delta Q_j = \frac{Q_j}{x_j} \times \Delta x_j \tag{10-6}$$

(2) 能源系统革命对经济的影响

中国作为世界第一人口大国，经济增长和充分就业一直是宏观经济发展的重要目标。本章也将从 GDP 和就业的角度分析能源系统革命对中国经济的影响。其中 γ_j 表示 j 部门每单位总产出对应的就业人数，L_j 表示 j 部门总就业人数。则当总产出变动时，对应每部门变化就业人数为：

$$\Delta L_j = \gamma_j \times \Delta x_j \tag{10-7}$$

为分析能源系统革命对于 GDP 的影响，此处按照收入法对 GDP 进行核算，GDP 即为全部常住单位从业人员报酬、生产税净额以及营业盈余、混合收入之和，为投入产出表中增加值合计。当总产出变动时，GDP 的变化量为式（10-8）。式中 v 表示增加值合计，即当年的 GDP，ΔGDP 表示其变化量。

$$\Delta GDP = \frac{v}{x} \times \Delta x \tag{10-8}$$

10.2.4 数据来源

本章所采用的主要数据包括：①中国 2012 年投入产出表，其主要来自中国 2012 年的国家统计局发布的 139 部门的投入产出表，并通过投入产出表部门分类标准合并成 43 部门投入产出表（含生态保护与环境治理部门）；②中国 2012 年按行业分能源消费量表，主要来自 2014 年国家统计局编制能源统计年鉴，此表所划分的行业包括 29 个部门，为了与 42 部门的投入产出表相对应，根据对能源消耗的价值量对能源表中合并的部门的数据进行同比拆分；③各种发电技术占总发电量的比重，包括燃煤发电、燃气发电、水电、风电、光电、生物质能发电与核电占总发电量的比例，如表 10－3 所示，数据来源于国家能源局新能源和可再生能源司编制的《可再生能源数据手册》；④2012 年各部门就业人数，来自国家统计局发布的《劳动统计年鉴》中分行业就业人员数，并按照 24 部门的投入产出表部门分类合并，相关可再生能源行业发电行业的就业人数通过《可再生能源数据手册》获得；⑤各种能源的发电成本主要来自对相关文献的整理，如表 10－3 所示；⑥各种发电技术对相关部门的消耗来自对相关文献的回顾、各发电技术的发电成本报告以及对实际项目的调研，如表 10－4 所示；⑦污染物的排放系数：CO_2 排放系数，主要来自政府间气候变化专门委员会（IPCC）出版的《IPCC 国家温室气体清单指南》，SO_2、NO_x 以及粉尘的排放系数来自国家环保局编制的《工业污染物产生和排放系数手册》和《2013 年环境污染物排放量统计年报》。

表10-3 各种发电技术所占比重及发电成本

发电技术	燃煤发电	燃气发电	水电（含抽蓄）	风力发电（并网）	太阳能发电（并网）	生物质发电（并网）	核电
发电比重（%）	75.85	2.22	17.17	2.07	0.08	1.98	24.15
发电成本（元/kw·h）	0.395	0.508	0.241	0.419	1.001	0.692	0.271

表10-4 各部门对各种发电技术的投入

部门代码	燃煤发电	水电	核电	燃气发电	风电	光伏	生物质能
1	0.000	0.000	0.000	0.000	0.000	0.000	0.536
2	0.649	0.000	0.000	0.000	0.000	0.000	0.000
3	0.032	0.029	0.026	0.004	0.034	0.031	0.011
4	0.000	0.000	0.000	0.815	0.000	0.000	0.000
5	0.048	0.018	0.097	0.001	0.001	0.000	0.000
6	0.001	0.001	0.003	0.000	0.000	0.000	0.000
7	0.011	0.004	0.022	0.000	0.000	0.000	0.000
8	0.001	0.000	0.003	0.000	0.000	0.000	0.000
9	0.000	0.000	0.000	0.000	0.000	0.000	0.000
10	0.000	0.000	0.001	0.000	0.000	0.000	0.000
11	0.001	0.000	0.003	0.000	0.000	0.000	0.000
12	0.000	0.000	0.069	0.000	0.000	0.000	0.000
13	0.001	0.006	0.005	0.001	0.007	0.006	0.002
14	0.001	0.007	0.006	0.001	0.008	0.007	0.003
15	0.001	0.005	0.004	0.001	0.005	0.010	0.003

（续表）

部门代码	燃煤发电	水电	核电	燃气发电	风电	光伏	生物质能
16	0. 001	0. 006	0. 005	0. 001	0. 007	0. 006	0. 002
17	0. 001	0. 004	0. 003	0. 001	0. 004	0. 004	0. 001
18	0. 002	0. 010	0. 009	0. 001	0. 012	0. 011	0. 007
19	0. 004	0. 019	0. 017	0. 003	0. 022	0. 020	0. 007
20	0. 005	0. 023	0. 020	0. 003	0. 026	0. 024	0. 009
21	0. 022	0. 101	0. 090	0. 015	0. 117	0. 106	0. 038
22	0. 000	0. 001	0. 001	0. 000	0. 002	0. 001	0. 001
23	0. 008	0. 036	0. 033	0. 005	0. 042	0. 038	0. 014
24	0. 000	0. 002	0. 001	0. 000	0. 002	0. 002	0. 001
25	0. 000	0. 000	0. 000	0. 000	0. 000	0. 000	0. 000
26	0. 001	0. 004	0. 003	0. 001	0. 004	0. 004	0. 001
27	0. 000	0. 001	0. 001	0. 000	0. 001	0. 001	0. 000
28	0. 007	0. 007	0. 006	0. 001	0. 008	0. 007	0. 003
29	0. 000	0. 000	0. 000	0. 000	0. 000	0. 000	0. 000
30	0. 034	0. 151	0. 135	0. 022	0. 176	0. 159	0. 058
劳动者报酬	0. 040	0. 146	0. 058	0. 034	0. 078	0. 183	0. 143
生产税净额	0. 047	0. 079	0. 072	0. 040	0. 048	0. 020	0. 029
固定资产折旧	0. 048	0. 217	0. 194	0. 032	0. 252	0. 228	0. 083
营业盈余	0. 028	0. 124	0. 111	0. 018	0. 144	0. 131	0. 047
合计	1	1	1	1	1	1	1

10.3　结果分析与讨论

10.3.1　能源体系低碳化的影响效应

（1）经济影响效应

中国作为世界第一人口大国，充分就业一直是宏观经济发展的首要目标，故选取就业作为评估经济发展的重要指标，GDP 则作为衡量经济增长的重要指标。通过分析 GDP 的变化和各部门就业人数的变化为相关政策的制定提供指导。

本章通过对电力部门最终需求结构的调整，研究能源体系低碳化对经济的影响，即将燃煤发电的最终需求降低 100 亿元，并按照各种清洁能源的发电比例与发电成本将各种清洁能源的最终需求增加，即将燃气发电、水电、风电、光伏发电、生物质能发电以及核电的最终需求分别提高 9.2 亿元、91.4 亿元、5.2 亿元、0.4 亿元、6.7 亿元、14.3 亿元，通过能源体系低碳化的调整，我国的 GDP 相对调整前将会增长 0.005%，就业人数将会增长 0.006%。这说明电力系统的革命将会对我国的经济与社会发展产生积极的影响。接下来对其分部门进行分析，为了更清楚地分析各部门情况将 3 个部门划分为两部分——能源部门与非能源部门进行分析。

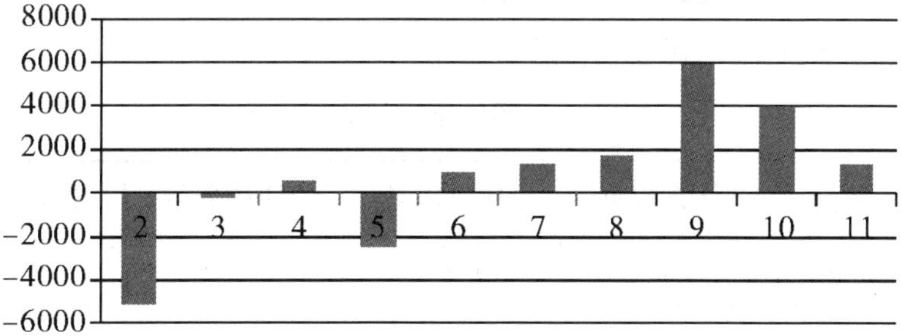

图 10-1　能源部门就业人数的变化（人）

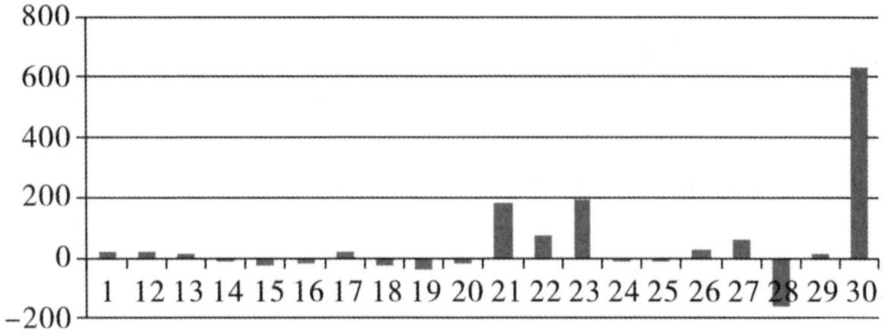

图 10－2　非能源部门就业人数的变化（人）

通过对比图 10－1 与图 10－2 可以看出：对于能源部门，通过对能源体系低碳化的调整，就业人数增加最明显的为光伏发电与生物质能发电，而煤炭采选产品与燃煤发电的就业人数将会有少量的降低，其余部门就业人数均会有所上涨。对于非能源部门，其他服务业的就业人数增加最明显，而电气机械和器材、仪器仪表行业的就业人数也将有一定的增长，交通运输、仓储和邮政的就业人数将有较大减少量，总体看来，能源体系的低碳化将带来就业人数的增长。

（2）环境影响效应

对于环境的影响效应，主要考虑化石能源使用过程中产生的污染物的排放，包括 CO_2 排放量、SO_2、NO_x 以及粉尘的排放量。因为温室效应是国内外持续关心的热点问题，此处仅选取二氧化碳的排放量评估各部门的环境影响效应。对环境影响效应的分析采取同经济影响分析相同的方法，其带来的能源消费量与污染物排放量的变化如表 10－5 所示。

表 10－5　污染物排放的变化量

能源消费量	CO_2 排放量	SO_2 排放量	NO_x 排放量	粉尘排放量
－0.006%	－0.021%	－0.013%	－0.018%	－0.011%

从表 10－5 可以看出通过能源体系的低碳化调整，能源消费量与各种污染物的排放量均会降低，其中 CO_2 的排放量下降最明显，降低了 209.6 万吨，各部门情况如图 10－3 和图 10－4 所示。

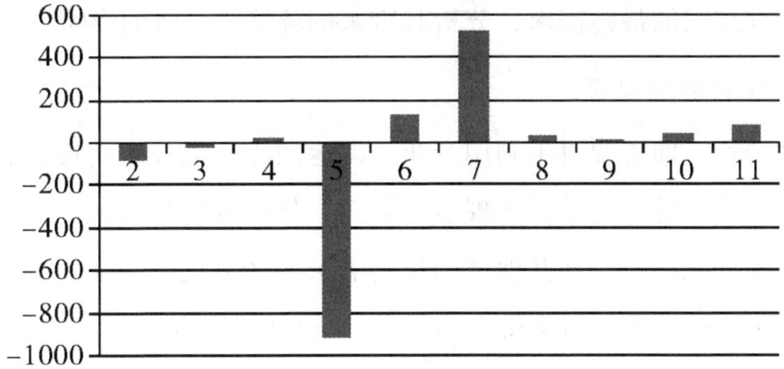

图 10－3　能源部门碳排放量的变化（万吨）

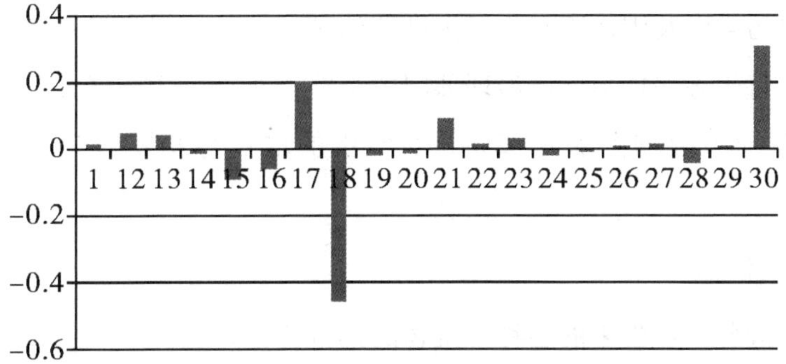

图 10－4　非能源部门碳排放量的变化（万吨）

由图 10－3、10－4 可以看出：对于能源部门，通过对能源体系低碳化的调整，碳排量变化最大的燃煤发电，碳排量降低 909.6 万吨，煤炭采选行业也有较少的降低量，为 76 万吨，其他能源部门碳排放量会有少量的增加。对于非能源部门，碳排量降低最明显的为金属冶炼和加工业，为 0.5 万吨；木材加工品、造纸业、化学产品也会有较少的碳排放量的下降；其他服务业和非金属矿物制品业的碳排量将会有所增加。整体而言，能源体系的低碳化对环境将会产生积极的影响。

10.3.2　节能减排的影响效应

节能减排是能源系统革命最基本的一个方面。本节从两个方面综合分析节能减排的环境影响效应：增大对静脉产业最终需求及增大对生态保护与环境治理部门的最终需求，分析其带来的环境与经济的影响。

（1）经济影响效应

静脉产业，即资源再生利用产业，即运用先进的技术将废弃物转化为可重新利用的资源和产品，实现节约资源、保护环境的目的。选择废品废料部门作为静脉产业，在其他部门最终需求不变的前提下，将此部门的最终需求增加100亿元，将会带来GDP较调整前增长0.019%，就业人数上涨0.004%，对经济的增长与发展均会产生积极的影响。

生态保护和环境治理包括对野生动植物的保护以及对环境污染、大气污染、水污染以及固体废弃物等污染的治理。在其他部门最终需求不变的前提下，将生态保护与环境治理部门的最终需求增加100亿元，将会带来GDP和就业人数均上涨0.02%，对经济的增长与发展均会产生积极的影响。

（2）环境影响效应

发展静脉产业带来的各种污染物的排量变化如表10－6所示。

表10－6　污染物排放的变化量

	能源消费量	CO_2排放量	SO_2排放量	NO_x排放量	粉尘排放量
发展静脉产业	0.0061%	0.0075%	0.0071%	0.0069%	0.0066%
发展环保产业	0.017%	0.030%	0.014%	0.015%	0.012%

从表10－6可以看出虽然通过加大对静脉产业的投资可以实现社会资源的节约，但是能源消费量与各种气体污染物的排放量会因部门之间的联系产生少量的增加，其中CO_2和NO_x的排放量增加较多。但是综合考量经济影响与环境影响，可以看出发展静脉产业将会带来单位GDP的能源消耗与污染物排放量的下降，说明通过发展静脉产业将会使经济增长所付出的资源消耗与环境污染的代价减少，其变化量如表10－7所示。

表 10-7 单位 GDP 污染物排放量的变化

	能源消费量	CO_2排放量	SO_2排放量	NO_x排放量	粉尘排放量
发展静脉产业	-0.013%	-0.011%	-0.012%	-0.012%	-0.012%
发展环保产业	-0.002%	0.012%	-0.004%	-0.004%	-0.006%

发展环保部门带来的各种污染物的排量变化如表 10-7 所示。虽然加大对生态保护和环境治理投资可以带来对生态环境的利好，但是能源消费量与各种气体污染物的排放量会因部门之间的联系产生少量的增加，其中 CO_2和 NO_x的排放量增加较多。同发展静脉产业一样，加大对环保部门的投资也将带来单位 GDP 的能源消耗与污染物排放量的下降。综合分析两个方面可以看出，虽然发展静脉产业与发展环保部门将会在不同方面带来对生态环境的利好，但是就其低碳发展的角度而言，发展静脉产业将会对低碳经济的发展带来更多的益处。

10.4 本章小结

面对日益严重的资源枯竭与环境污染的问题，推动能源系统革命、促进经济发展方式的低碳化转型、推动节能减排是保证我国经济可持续发展的内在需求。本章基于投入产出局部闭模型，将电力部门同时分解出静脉产业与环保部门，定量分析能源系统革命对环境及经济的影响，根据能源系统变革的两个方面得出结论，并给出相关的政策建议。

（1）应大力推进能源体系的低碳化。从 GDP、就业人数、能源消费与污染物排放等方面分析能源体系低碳化对经济以及环境的影响效应，发现在假定情景之下，各部门的能源消费量与污染物的排放量将会降低，其中碳排量的减少最为明显，而 GDP 和就业人数在此情景之下将增加，产生“绿色就业”。说明能源体系的低碳化将会对我国的经济增长、经济发展、能源节约与大气污染物的减排产生积极的影响。因此应继续加大低碳能源体系的建设力度，保证清洁能源发电生命周期中的低碳化，提高清洁能源发电的比例。

（2）推进静脉产业与环保产业的发展。本章分别衡量了增大对静脉产业以及环保产业的最终需求所产生的经济环境影响。研究发现，增大这两个部门的最终需求均会带来 GDP 和就业人数的增长，也会带来相应的能源消耗量以及污染物排放量的增加。但是就单位 GDP 所产生的能源消耗与大气污染物来说，在这两种情景之下将会降低，说明通过节能减排将会使由于经济发展所导致的资源代价与环境代价减少。同时在增大相同的最终需求时，静脉产业的发展将会带来更大的减排力度。因此，为了经济的可持续发展，应大力推动静脉产业与环保产业的发展，同时应保证其上下游部门的低碳化，即建立节能低碳的产业链条，从而保证不会因上下游产业的高碳排与高能耗而给环境治理带来更大的环境问题。

本章通过构建含有清洁能源发电以及节能减排部门的投入产出闭模型，分析能源系统革命对环境与经济影响效应，从而为相关政策的制定提供了一定的参考。但因我国关于低碳发展的相关数据较少，本章仅将电力部门进行分解。下一步研究将会通过相关调研，获取更多节能减排的数据，如绿色建筑行业的相关数据，将更多节能减排部门纳入投入产出表中，并结合投入产出动态模型，从国际贸易竞争力、产业结构优化、社会福利提升等角度更全面地分析能源系统革命对于环境与经济产生的影响，为政策的制定与完善提供更为全面的参考。

第11章 清洁能源供电影响研究

中国作为世界上最大的能源消费与CO_2排放国，以煤为主的能源消费结构产生了包括雾霾在内的诸多环境污染问题，严重制约了我国的经济可持续发展能力。而电力部门作为典型的高能耗高碳排部门，2016年燃煤发电的比重占据65%，仍占有较大比重。中国的能源革命将积极推动能源结构清洁化，中国国家能源局在2017年发布《能源发展“十三五”规划》，指出到2020年将把煤炭消费比重降低到58%。而电力部门将作为能源系统低碳化改革的重点，推动清洁能源发电技术的应用引起了国内外学界广泛关注。之前的研究中证实了能源结构对经济与环境效率的重要性，在此基础上进一步具体分析清洁能源发电部门的产业关联，以及由其发展带来的经济与环境的影响将会为我国发电产业节能减排政策的制定提供一定的实践参考。

11.1 相关研究背景

近年来，越来越多的中国学者开始关注中国能源系统革命的问题，而优化能源结构、发展清洁能源以替代传统的化石能源将成为能源革命的重要组成成分，在此推动下，中国经济的增长方式将向绿色低碳转型（杜祥琬，2014；何建坤，2015；张涵奇，2015）。由此可见，发展清洁能源已经成为促进经济可持续发展的重要推动力。

有一些文献定量研究了单一品种清洁能源的影响效应，Himanshu Nautiyal（2011）研究了印度水力发电在能源可持续发展中的重要作用；Thapat Silalertruksa（2012）研究了生物质能发电的社会经济影响效应；Seung－Hoon Yoo（2009）应用投入产出技术分析了核能发电在韩国经济发展中的作用；Shin Nagashima（2015）定量分析了风能发电对日本的环境、能源以及经济的影响效应；Blanca Corona（2016）就 CSP 发展产生的环境与社会经济影响效应进行研究，其影响效应包括增加值、就业人数的变化以及对气候改变、酸化、光化学污染、能源消耗量的影响。近年来，对清洁能源的综合影响效应进行研究的文献逐渐增多，但大多集中在社会经济领域（Lehr et al.，2012；Moreno and Lopez，2008；Alvar et al.，2009；Tourkolias and Greece Mirasgedis，2011；Bezdek，2009；Malik et al.，2014）尤其是集中在对就业的影响方面，发现发展清洁能源可能对就业带来积极的影响，也可能带来消极的影响。Garrett－Peltier（2017）总结前人的研究成果，运用投入产出表创造了“合成的”部门，发现每将一百万传统能源转化为可再生能源将会创造 5 个就业机会。但是在中国关于清洁能源发电影响效应的文献较少，且多集中在定性研究的领域，因此对我国清洁能源发电情况构建定量分析模型，研究其与其他部门的产业关联，以及由其产生的社会经济与环境影响效应，将具有重要的理论价值。

投入产出模型相比其他方法可以更加充分地体现部门之间的内在联系，研究产业部门之间的联系，以及对环境与社会经济的直接与间接影响具有明显的优势。笔者将采取投入产出局部闭模型定量分析能源系统革命对经济与环境的影响。投入产出模型 1931 年由列昂惕夫开始创建，并于 1970 年首次利用投入产出模型分析环境问题。其后，许多学者将其利用到能源与环境领域的研究，Miller 和 Blair 用这种方法分析了由最终需求而引起的能源消耗。在中国，运用投入产出分析的方法，通过最终需求的调整，分析节能减排政策的影响成为近年来研究的热点。刘洪涛系统分析了我国最终需求的变动对能源消费的综合影响效应。沈利生基于投入产出模型将最终需求结构与三次产业结构结合起来进行分析，研究最终需求变动对产业结构变动的影响。闫浩通过测算增加能源部门单位最终需求和直接诱发的各部门产出量，从而分析能源部门对国民经济各部门的直接和完全波及效应。徐莹之对比了中国各行业由最终需求引致的碳排放量，并分解为直接效应、反馈效应、溢出效应、自给效应以及自溢效应。

通过对相关文献的回顾可以发现，现有的文献对清洁能源影响效应的研究多集中在就业领域，尚未建立一个完整的清洁能源影响效应的分析体系；同时，目前鲜有相关文献对中国清洁能源发电的影响效应进行研究。本章基于中国 2012 年投入产出表，将电力部门划分为燃煤发电、燃气发电、水电、风电、光电、生物质能发电与核电，构建 28 部门投入产出表。在此基础上笔者构建了中间流量矩阵包括居民收入与居民消费的投入产出局部闭模型，从以下几个方面综合评价各种清洁能源发电技术的影响效应：①对能源消费量的影响；②对气候变化、酸化、光化学污染等环境问题的影响；③对 GDP 以及就业情况的影响。并分析综合利用各种清洁能源发电技术产生的影响效应，从而为国家制定合理的节能减排政策提供参考。

11.2　基本模型

传统的投入产出模型如式（11－1）所示：

$$X = (I - A)^{-1} Y \tag{11-1}$$

X 表示总产出矩阵，Y 表示最终需求矩阵，$(I-A)^{-1}$ 是列昂惕夫逆矩阵。在此基础上，由于当总产出变动时，将会带来居民收入的变动，而收入的变动将会带来消费的变动，从而创造新的最终需求，导致总产出的变动。基于此，我们扩大 A 矩阵，将居民消费纳入列向量中，将劳动者报酬作为新的行向量，建立投入产出局部闭模型，如公式（11－2）。

$$X = (I - A^{*})^{-1} Y^{*} \tag{11-2}$$

为了反映最终使用的变动对本国产出量的影响，本章采用进口内生化的投入产出模型，将进口平均分配到中间使用、最终使用与资本形成，因为我们采用投入产出局部闭模型，最终需求矩阵被纳入中间使用矩阵，在此基础上，定义输入系数如下：

$$m_i = \frac{y_{M,i}}{\left(\sum_{j=1}^{n} x_{ij} + y_{c,i}\right) + y_{I,i}}, i = 1,2\cdots,n \tag{11-3}$$

其中，$y_{M,i}$ 表示最终使用中的进口，$y_{c,i}$ 表示最终使用中的出口，$y_{I,i}$ 表示最终使用中的消费。总产出可以表示为：

$$X = [I - (I - \widehat{M})A^*]^{-1}[(I - \widehat{M})Y_I + Y_E] \tag{11-4}$$

最终需求变动将会导致总产出的变动为：

$$\Delta X = [I - (I - \widehat{M})A^*]^{-1}[(I - \widehat{M})\Delta Y_I + \Delta Y_E] \tag{11-5}$$

其中：ΔY_I 表示最终投资向量，ΔY_E 表示最终出口向量。

第二步将分析清洁能源发电带来的环境影响，根据 IPCC 的方法，本章采用化石能源利用过程中的污染物排放因子计算各种污染物的排放量，包括 CO_2 排放量、SO_2 排放量、NO_x 以及粉尘的排放量。

$$Q = \sum_{k=1}^{n} E \times f_k \tag{11-6}$$

其中：Q 表示污染物排放量矩阵，k 表示能源的种类，选取煤、石油、天然气这三种化石能源，f_k 是第 k 种能源的碳排放系数，可以从相关的排放系数手册获得。用直接排放系数矩阵 β 表示单位产出的污染物排放量公式表示为：

$$\Delta F = \beta \Delta X \tag{11-7}$$

其中：ΔF 矩阵表示污染物排放量的变化值。

第三步我们将分析社会经济影响效应，用收入法核算 GDP，即为全部常住单位从业人员报酬、生产税净额以及营业盈余、混合收入之和，为投入产出表中增加值合计。GDP 的变化量为：

$$\Delta GDP = V\Delta X \tag{11-8}$$

其中 V 表示单位产出的增加值合计，ΔGDP 即为最终需求变化后的 GDP 的变化量；笔者选用就业人数衡量清洁能源发电对经济发展的影响，用 γ 表示单位产出的就业人数，则就业人数的变化为：

$$\Delta L = \gamma \Delta X \tag{11-9}$$

其中 ΔL 矩阵表示就业人数的变化值。

11.3　清洁能源供电影响效应

本章从调整最终需求的角度考量清洁能源代替燃煤发电所产生的社会经济影响以及对环境的影响效应，所使用的电力部门的部门拆解及相关数据与第 10 章保持一致。以风力发电为例，假定将燃煤发电的最终需求降低 1 亿元，根据燃煤发电的发电成本确定相应的较少的发电量，将此发电量用风力发电代替，从而增加相应的对风力发电的最终需求，并采用相同的方法确定各种清洁能源供电的影响效应。

11.3.1　社会经济影响效应

根据各种清洁能源的发电成本，当分别用各种清洁能源供电技术代替 1 万元对燃煤发电的最终需求时，对各种清洁能源的最终需求的增加量如表 11 - 1 所示：

表 11 - 1　各种清洁能源发电技术最终需求调整值（亿元）

燃煤发电	燃气发电	水电	风力发电	太阳能发电	生物质发电	核电
-1	1.28	0.61	1.06	2.53	1.75	0.68

当用各种清洁能源供电技术分别代替燃煤发电技术时，不同的清洁能源替代燃煤将带来的 GDP 与就业人数的变化量如表 11 - 2 所示：

表 11－2　GDP 与就业人数的变化量

	风电	燃气发电	水电	太阳能发电	生物质发电	核电
GDP 变化量（万元）	2861	607.59	－3899	15341.77	7518.99	－3139.24
就业人数变化量（人）	139.35	237.12	－151.14	40646.26	1116.69	－129.49

由此表可以看出，对于发电成本小于燃煤发电的，即水电与核电，仅仅增加各种清洁能源供电技术的最终需求将会对 GDP 与就业人数产生负面的影响。而发电成本高于燃煤发电的，如风力发电、燃气发电、太阳能、生物质能，用这几种清洁能源发电技术代替燃煤发电技术将对 GDP 与就业产生正面的影响。其中对于光伏发电来说，其对就业的拉动效应相对于其他清洁能源拉动效应更加明显。通过以上分析可以看出仅仅通过增加对某种清洁能源的最终需求，例如仅仅增加对水力发电的投资，可能短期内会对社会经济带来相对负面的影响。

为了更好地反映用某种清洁能源代替燃煤发电对各个部门的影响，对各部门的就业人数的变化进行分析，笔者选取风力发电分部门的社会经济影响效应分析。采用调整最终需求的方法进行分析，通过降低对燃煤发电的最终需求，增加对风电的最终需求，将会导致燃煤发电部门的就业人数有较大幅度的降低，风电行业的就业人数将会显著上升，其他行业的就业人数的变化如图 11－1 所示。

通过此图可以看出，用发电代替燃煤发电，将带来煤炭采选产品的就业人数因为煤电的需求降低而显著降低。但由于风力发电的自动化程度更高，对于其他行业，如电气机械和器材、仪器仪表和其他服务业的就业人数有所增加，整体就业人数呈现增加的态势。

图 11－1　能源部门就业人口变化（人）

11.3.2　环境影响效应

对于环境的影响效应，主要考虑化石能源使用过程中产生的污染物的排放，包括 CO_2排放量、SO_2、NO_x以及粉尘的排放量，即分析由其带来的气候变化、酸化、光化学污染等环境污染问题。因为温室效应是国内外持续关心的热点问题，此处仅选取二氧化碳的排放量评估各部门的环境影响效应。对环境影响效应的分析采取同经济影响分析相同的方法，其带来的能源消费量与污染物排放量的变化如表 11－3 所示。

表 11－3　能源消费量与污染物排放量的变化

	风电	燃气发电	水电	太阳能发电	生物质发电	核电
能源消费量（万吨标准煤）	－0.426	0.663	－0.857	0.887	0.374	－0.907
CO_2排放量（万吨）	－5.167	9.218	－10.389	11.504	3.406	－10.024
SO_2排放量（万吨）	－0.008	0.017	－0.017	0.021	0.007	－0.016
NO_x排放量（万吨）	－0.009	0.021	－0.020	0.026	0.008	－0.019

（续表）

	风电	燃气发电	水电	太阳能发电	生物质发电	核电
粉尘排放量（万吨）	-0.003	0.004	-0.005	0.006	0.002	-0.005

通过表 11－3 可以看出，对于发电成本小于燃煤发电的，即水电与核电，仅仅增加各种清洁能源供电技术的最终需求将会对节能减排产生积极的影响，但是对于风力发电来说，因为其发电成本略高于煤电，所以仅单单增加其最终需求，也会对环境保护带来积极的影响。而发电成本远远高于燃煤发电的，如燃气发电、太阳能、生物质能，用这几种清洁能源发电技术代替燃煤发电技术将导致能源消耗量的增加以及污染物排放量的增加，但是，如果综合考量能源强度以及污染物排放强度，燃气发电、太阳能、生物质能发电的能源强度与污染物排放强度将会有轻微的降低。说明通过使用各种清洁能源将会不同程度地对环境带来积极的影响。以风力发电为例分析各部门碳排放量的变化（如图 11－2 所示）可以看出，风力发电技术通过降低煤炭部门、石油部门碳排量对环境产生积极的影响。

图 11－2　各部门碳排放量的变化

11.4　清洁能源供电技术综合利用的影响效应

笔者在分析各种清洁能源供电影响效应的基础上，接下来根据各种清洁能源供电的比重，进一步分析综合利用各种清洁能源供电技术对中国的社会经济以及环境所带来的影响效应。

11.4.1　社会经济影响效应

为了与投入产出表的数据统一，采用 2012 年各种清洁能源发电比重以及发电成本数据，在此基础上对各种发电技术的最终需求进行调整，即将燃煤发电的最终需求降低 1 亿元，将燃气发电、水电、风电、光伏发电、生物质能发电以及核电的最终需求分别提高 0. 092 亿元、0. 914 亿元、0. 052 亿元、0. 004 亿元、0. 067 亿元、0. 143 亿元，通过综合利用各种清洁能源发电技术代替燃煤发电，我国的 GDP 相对调整前将会增长 0. 27 亿元，就业人数将会增长 87. 72 人。这说明对各种清洁能源供电技术的综合利用将对我国的经济与社会的发展产生积极的影响。对其分部门进行分析，为了更清楚地分析各部门情况，将 3 个部门划分为两部分——能源部门与非能源部门进行分析。

由图 11 -3 与图 11 -4 分部门进行分析可以看出：对于能源部门，通过对清洁能源供电技术的综合利用，就业人数增加最明显的为光伏发电与生物质能发电，而煤炭采选产品与燃煤发电的就业人数将会有少量的降低，其余部门就业人数均会有所上涨。对于非能源部门，其他服务业的就业人数增加最明显，而电气机械和器材、仪器仪表行业的就业人数也将有一定的增长，交通运输、仓储和邮政的就业人数将有较大减少量，总体看来，综合采用各种清洁能源替代燃煤发电将使就业人数有所增加。

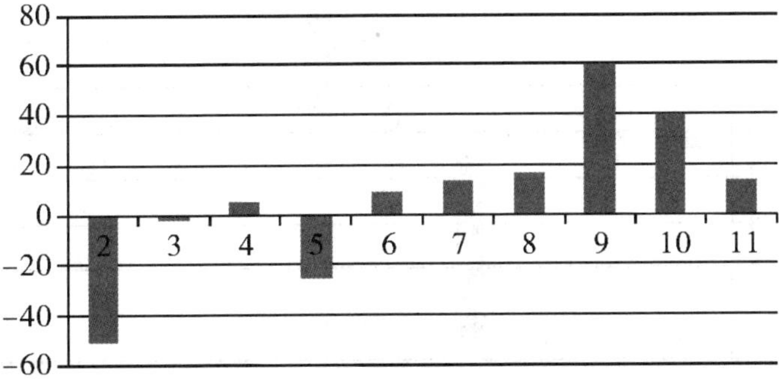

图 11 -3　能源部门就业人数变化（人）

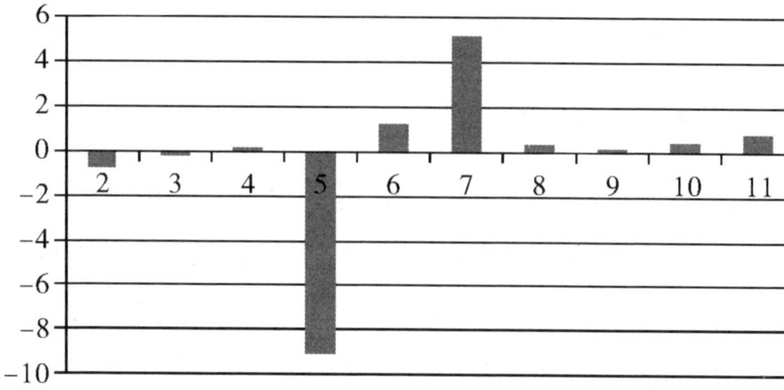

图 11－4 非能源部门就业人数变化（人）

11.4.2 环境影响效应

通过综合利用各种清洁能源发电技术，能源消费量与各种污染物的排放量均会降低（如表 11－4 所示），这对于气候变化、酸化、光化学污染等环境污染问题均有积极的影响。其中 CO_2 的排放量下降最明显，降低了 2.096 万吨，各部门情况如图 11－5 和图 11－6 所示。

表 11－4 污染物排放的变化量

能源消费量（万吨标准煤）	CO_2排放量（万吨）	SO_2排放量（万吨）	NO_x排放量（万吨）	粉尘排放量（万吨）
－0.213	－2.096	－0.002	－0.002	－0.001

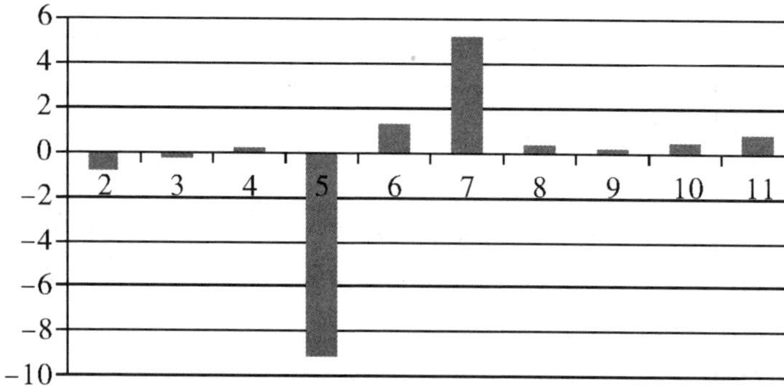

图 11－5 能源部门碳排放量的变化（万吨）

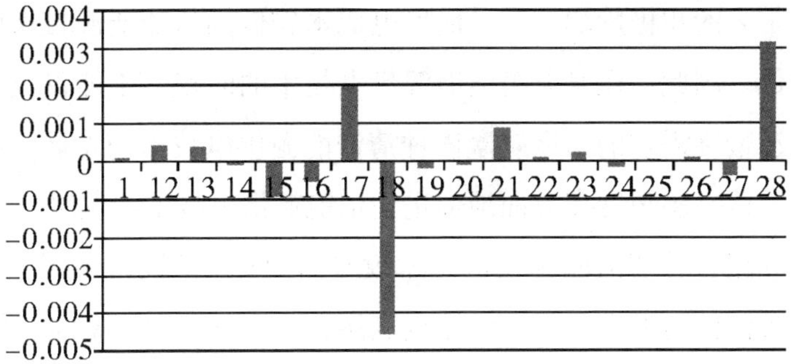

图 11－6　非能源部门碳排放量的变化（万吨）

可以看出：对于能源部门，通过对清洁能源发电技术的综合利用，碳排量变化最大的燃煤发电，碳排量降低 9.096 万吨，煤炭采选行业也有较少的降低量，为 0.760 万吨，其他能源部门碳排放量会有少量的增加。而对于非能源部门，碳排量降低最明显的为金属冶炼和加工业，为 0.0046 万吨，而木材加工品和造纸业及化学产品的碳排量也有较少的碳排放量的下降，而其他服务业和非金属矿物制品业的碳排量将会有所增加。整体而言，综合采用清洁能源供电技术对环境将会产生积极的影响。

11.5　本章小结

随着“绿色发展理念”成为中国近年来研究的热点问题，推动清洁能源供电技术发展，促进经济增长方式的低碳化转型已经成为中国经济可持续发展的内在需求。本章基于前述编章的研究框架，通过对相关文献的回顾，利用投入产出局部闭模型，将各种清洁能源供电技术纳入投入产出表中，建立完整的清洁能源供电影响效应的分析体系，从社会经济以及环境影响的角度对清洁能源供电进行分析并得出结论，给出相关的政策建议。

拉动单一品种清洁能源技术的最终需求，将会对社会经济带来不同的影响，其中拉动发电成本较高的清洁能源的最终需求，将会对中国社会经济产生积极的影响，而发电成本较低的清洁能源，拉动其需求将会对中国的社会经济发展带来负面的影响。对于环境方面，增加单一品种清洁能源发电技术的最终需求将会带来不同程度的积极影响，其中发电成本较低的清洁能源带来的积极影响较高，而发电成本较低的清洁能源带来的积极影响程度较低。因此，在发展清洁能源供电技术的时候，不能仅仅从增加某种清洁能源最终需求的角度刺激该种清洁能源供电技术的发展，应该辅之以其他的手段，多角度多方面地促进清洁能源供电技术的发展。

综合利用各种清洁能源发电技术就是解决以上问题的一个重要手段，通过对各种清洁能源发电技术的综合利用，中国的 GDP、就业人数将会有所上升，同时能源消费与污染物排放量有所下降，说明通过这种方式对中国的社会经济以及环境均带来积极的影响。但应合理规划各种清洁能源发电技术的比例，保证其积极影响效应的扩大。

本章通过构建含有清洁能源部门的投入产出局部闭模型，分析了清洁能源发电技术对社会经济以及环境的影响效应，从而为相关政策的制定提供一些参考。下一步研究将会通过相关的调研，确定各种清洁能源发电的合理比例。同时关注清洁能源技术在其他领域的运用，并结合投入产出动态模型，从国际贸易竞争力、产业结构优化、社会福利提升等角度更全面地分析清洁能源的利用对于环境与经济产生的影响，为政策的制定与完善提供更为全面的参考。

参考文献

[1]郭琪. 公众节能行为的经济分析及政策引导研究[D]. 济南:山东大学,2007.

[2]林伯强,牟敦国. 能源价格对宏观经济的影响:基于可计算一般均衡(CGE)的分析[J]. 经济研究,2008(11):88－102.

[3]吴国兵. 中国能源消费与出口贸易的协整分析[J]. 金融经济(理论版),2008(3):79－81.

[4]董斌昌,杜希垚. 中国能源消费与出口贸易之间关系的实证研究[J]. 广西财经学院学报,2006,19(5):98－100.

[5]朱启荣. 能源消费与出口贸易的协整及 Granger 因果关系检验——以山东省为例[J]. 国际经贸探索,2007,23(4):9－12.

[6]李艳梅,张雷. 中国能源消费增长原因分析与节能途径探讨[J]. 中国人口、资源与环境, 2008,18(3):83－87.

[7]陈锡康,王会娟. 投入占用产出技术的若干重要应用[J]. 管理学报,2010,7(12):1737－1742.

[8]刘洪涛. 中国最终需求变动对能源消费的影响效应研究[D]. 西安:西安交通大学,2011.

[9]陈琳. 中国能源消费碳排放变化的影响因素分析——基于投入产出模型[J]. 中外能源,2013,18(1):17－22.

[10]李中才,徐俊艳,吴昌友等. 生态网络分析方法研究综述[J]. 生态学报,2011,31(18):5396-5405.

[11]孙建卫,陈志刚,赵荣钦等. 基于投入产出分析的中国碳排放足迹研究[J]. 中国人口·资源与环境,2010,20(5):28-34.

[12]陈璋. 投入产出分析若干方法论问题的研究[J]. 数量经济技术经济研究,2005(9).

[13]韩博平. 生态网络中的物质、能量流动的时间链分析[J]. 生态学报,1995,15(2):163-168.

[14]国家统计局. 中国能源统计年鉴[M]. 北京:中国统计出版社,2015.

[15]国家统计局. 中国统计年鉴[M]. 北京:中国统计出版社,2015.

[16]吴宗鑫等. 全国能源需求预测模型　能源预测模型开发与应用[M]. 北京:中国计划出版社,1988.

[17]吴德春,董继斌. 能源经济学[M]. 北京:中国工人出版社,1991.

[18]史丹. 产业结构变动对能源消费需求的影响[J]. 数量经济技术经济研究,1999(12):50-52.

[19]王海建. 经济结构变动与能源需求的投入产出分析[J]. 统计研究,1999,6:30-34.

[20]李俊. 中国区域能源供求及其因素分析[J]. 资源科学,1994,4:34-40.

[21]邱大雄. 能源规划与系统分析[M]. 北京:清华大学出版社,1995.

[22]周总瑛,张抗,周庆凡. 中国能源消费特征与发展战略分析[J]. 资源战略,2001,5:25-27.

[23]林伯强. 中国能源需求的经济计量模型[J]. 统计研究,2001,10:34-39.

[24]韩智勇,魏一鸣,焦建玲,范英,张九天. 中国能源消费与经济增长的协整性与因果关系分析[J]. 系统工程,2004,22(12):17-21.

[25]吴宗鑫,陈文颖. 以煤为主多元化的清洁能源战略[M]. 北京:清华大学出版社,2001,21 – 29.

[26]路正南. 产业结构调整对我国能源消费影响的实证分析[J]. 数量经济技术经济研究,1999(12) :53 – 55.

[27]史丹. 结构变动是影响我国能源消费的主要因素[J]. 中国工业经济,1999,11:38 – 43.

[28]史丹,张金融. 产业结构变动对能源消费的影响[J]. 经济理论与经济管理,2003 (8) :30 – 32.

[29]曾波,苏晓燕. 中国产业结构变动的能源消费影响——基于灰色关联理论和面板数据计量分析[J]. 资源与产业,2006,8(3):109 – 112.

[30]贺菊煌. 中国经济增长与能源需求的多部门模型[J]. 数量经济技术经济研究,1997,11:3 – 5.

[31]林伯强. 结构变化、效率改进与能源需求预测——以中国电力行业为例[J]. 经济研究,2003,5:57 – 65.

[32]于渤,黎永亮,迟春洁. 考虑能源耗竭、污染治理的经济持续增长内生模型[J]. 管理科学学报,2006,4(9):12 – 17.

[33]郭菊娥,邢公奇,何建武. 黄河流域水资源空间利用结构的实证分析[J]. 管理科学学报,2005:236 – 242.

[34]梁巧梅,魏一鸣,范英,Norio Okada. 中国能源需求和能源强度预测的情景分析模型及其应用[J]. 管理学报,2004,1:62 – 66.

[35]史丹. 我国经济增长过程中能源效率的改进[J]. 经济研究,2002(9):49 – 56.

[36]戴彦德,周伏秋,朱跃中,熊华文. 实现单位 GDP 能耗降低 20% 目标的途径和措施建议[J]. 中国工业经济,2004(4):29 – 37.

[37]王海建. 经济结构变动与能源需求的投入产出分析[J]. 统计研究,1999(6):30 – 34.

[38]王玉潜. 能源消耗强度变动的因素分析方法及其应用[J]. 数量

经济技术经济研究,2003(8):151 - 154.

[39]张晖明,丁娟. 论技术进步、技术跨越对产业结构调整的影响[J]. 复旦学报(社会科学版),2004(3):81 - 85.

[40]史耀远. 中国经济结构变化的投入产出分析[J]. 系统工程理论与实践,1999(10):74 - 76.

[41]吴雪峰. 试论能源结构调整[J]. 华东交通大学学报,2003,20(1):55 - 58.

[42]丁代平,朱曦,蔚力兵. 我国能源消费结构与产业发展影响分析[J]. 中国环境管理,2006,3:1 - 3.

[43]胡德勇,周宏春. 应重视能源结构调整的目标[J]. 中国能源,2001,8:24 - 27.

[44]刘戒骄. 从战略视角把握中国的能源结构调整[J]. 中国能源,2003,25(6):17 - 23.

[45]"中国能源发展战略与政策研究报告"课题组. 中国能源发展战略与政策研究报告(下)——能源结构调整和优化[J]. 经济研究参考,2004,84:51 - 57.

[46]宣能啸. 我国能源效率问题分析[J]. 国际石油经济,2004,12(9):35 - 39.

[47]杨敏英. 影响落实节能降耗目标的主要问题分析[J]. 中国能源,2007,29(1):22 - 26.

[48]王端旭,石瑛. 优化能源结构对我国能耗水平的影响分析[J]. 浙江大学学报,1996,10(1):74 - 77.

[49]"中国能源发展战略与政策研究报告"课题组. 中国能源发展战略与政策研究报告(上)——能源结构调整和优化[J]. 经济研究参考,2004,83:2 - 51.

[50]何建坤. 中国能源革命与低碳发展的战略选择[J]. 武汉大学学报,2015,68(1):5 - 12.

[51]廖明球．基于“节能减排”的投入产出模型研究[J]．中国工业经济,2011(7):26－34.

[52]闫浩,周德群,周鹏．基于能源投入产出分析的节能减排政策研究[J]．北京理工大学学报(社会科学版),2013,15(4):34－41.

[53]温丹辉,王灿．中国清洁能源的企业减排成本和社会减排成本[J]．系统工程学报,2014,29(5):593－601.

[54]肖皓,杨佳衡,蒋雪梅．最终需求的完全碳排放强度变动及其影响因素分析[J]．中国人口·资源与环境,2014,24(10):48－54.

[55]沈利生．中国需求结构变动怎样影响产业结构变动[J]．数量经济技术经济研究,2011(12):87－88.

[56]陈锡康,杨翠红．投入产出技术[M]．北京:科学出版社,2011.24－47.

[57]袁建文．投入产出分析实验教程[M]．上海:上海人民出版社,2011:178－185.

[58]叶泽．电价理论与方法[M]．北京:中国电力出版社,2014:137－143.

[59]汪伦伍．核电与火电发电成本比较[J]．核工程研究与设计,2008,69(4):65－68.

[60]张臻,沈辉,蔡睿贤．太阳能光伏并网发展趋势与投资成本分析[J]．电源技术,2008,32(10):713－717.

[61]国家可再生能源中心．中国可再生能源信息网[EB/OL]．http://www.cnrec.info/.

[62]张守先,张雷．静脉产业发展模式探讨[J]．生态经济,2007(11):105－107.

[63]Abrahamse W,Steg L,Vlek C,et al. The effect of tailored information,goal setting,and tailored feedback on household energy use,energy－related behaviors,and behavioral antecedents[J]. Journal of Environmental Psychology,2007,27 (4):265－276.

[64]Ackerman F, Ishikawa M, Suga M. The carbon content of Japan – US trade[J]. Energy Policy, 2007, 35 (9): 4455 – 4462.

[65]Ayres RU. Life cycle analysis: A critique[J]. Resources, Conservation and Recycling, 1995, 14 (3 – 4): 199 – 223.

[66]Alcantara V, Duarte R. Comparison of energy intensities in European Union countries. Results of a structural decomposition analysis [J]. Energy Policy, 2004(32): 177 – 189.

[67] Alvarez, C. G., Jara, R. M., Julian, J. R. R, Bielsa, J. I. G., 2009. Study of the effects on employment of public aid to renewable energy sources. Technical report prepared by University Rey Juan Carlos [EB/OL]. Available on – line at: </http://www. juandemariana. org/pdf/090327 – employment – public – aid – renewable. pdf >.

[68]Boyd G A, Pang J X. Estimating the linkage between energy efficiency and productivity [J]. Energy Policy, 2000(28): 289 – 296.

[69]Bernard J T, Cote B. The measurement of the energy intensity of manufacturing industries: a principal components analysis [J]. Energy Policy, 2005 (33): 221 – 233.

[70]Bullard CW, Herendeen RA. The energy cost of goods and services [J]. Energy Policy, 1975, 3 (4): 268 – 278.

[71]Blanca Corona, CristinadelaRúa, GuillermoSanMiguel. Socio – economic and environmental effects of concentrated solar power in Spain: A multiregional input output analysis[J]. Solar Energy Materials & Solar Cells, 2016, 156: 112 – 121.

[72]Bezdek, R., 2009. Green collar jobs in the U. S. and Colorado, American Solar Energy Society [EB/OL]. Available on – line at: </http://rechargecolorado. com/ images/ uploads/ pdfs/ CO _ US JobsRpt _ Jan2009 WEB. pdf >.

[73] Casler S, Wilbur S. Energy input - output analysis : A simple guide [J]. Resources and Energy, 1984, 6 (2): 187 - 201.

[74] Cole MA. Trade, the pollution haven hypothesis and the environmental Kuznets curve: examining the linkages [J]. Ecological Economics, 2004, 48 (1): 71 - 81.

[75] Ceylan, H. , Ozturk, H. K. . Estimating energy demand of Turkey based on economic indicators using genetic algorithm approach [J]. Energy Conversion and Management, 2004, 45: 2525 - 2537.

[76] Choi K H, Ang B W. Decomposition of aggregate energy intensity changes in two measures: ratio and difference [J]. Energy Economics, 2003 (25): 615 - 624.

[77] Chen Xikang, Yang Cuihong. Input - Output Technique [M]. Beijing: Science Press, 2011: 24 - 47.

[78] Cohen C, Lenzen M, Schaeffer R. Energy requirements of households in Brazil [J]. Energy Policy, 2005, 33 (4): 555 - 562.

[79] Daly HE. Fostering environmentally sustainable development: four parting suggestions for the World Bank [J]. Ecological Economics, 1994, 10 (3): 183 - 187.

[80] Dietzenbacher E, Stage J. Mixing oil and water? Using hybrid input - output tables in a structural decomposition analysis [J]. Economic Systems Research, 2006, 18 (1): 85 - 95.

[81] Dai Yan - de, Zhou Fu - qiu, ZHU Yue - zhong, et al. Approaches and Measures to Achieve the Anticipated Goal of Reducing China s Energy Intensity of GDP by 20% to 2010 [J]. China Industrial Economy, 2007 (4): 29 - 37.

[82] Du Xiangwan. Energy revolution for sustainable future. China Population, Resources and Environment, 2014, 24 (7): 1 - 4.

[83] Eskeland GS, Harrison AE. Moving to greener pastures? Multinationals

and the pollution haven hypothesis[J]. Journal of Development Economics,2003, 70 (1):1 -23.

[84]Edenhofer O,Jaeger CC. Power shifts:the dynamics of energy efficiency [J],Energy Economics,1998,20:513 -537.

[85] Fischer C. Feedback on household electricity consumption: a tool for saving energy? [J]. Energy Efficiency,2008,1 (1):79 -104.

[86] Fisher - Vanden K, Jefferson G H, Liu H M, et al. What is driving China's decline in energy intensity? [J]. Resource and Energy Economics,2004, (26):77 -97.

[87] Fæhn T, Holmøy E. Trade liberalisation and effects on pollutive emissions to air and deposits of solid waste. A general equilibrium assessment for Norway[J]. Economic Modelling,2003,20 (4):703 -727.

[88] Fang D L, CHEN B. Information - based ecological network analysis for embodied carbon network in China[J]. Energy procedia,2016(104):574 -579.

[89] Farla J, Cuelenaere R, Blok K. Energy efficiency and structural change in the Netherlands(1980—1990)[J]. Energy Economics,1998,20:1 -28.

[90] George Hondroyiannis. Estimating residential demand for electricity in Greece[J]. Energy Economics,2004,26:319 - 334.

[91] Guo Ju - e, Xing Gong - qi, HE Jian - wu. Water spatial structural decomposition analysis based on Yellow River basin [J]. Journal of Management Sciences in China,2005,6(8):37 -42.

[92] Ghaffar A, VILAS N. Exercising multidisciplinary approach to assess interrelationship between energy use, carbon emission and land use change in a metropolitan city of Pakistan [J]. Renewable and sustainable energy reviews, 2012,16:775 -786.

[93] Guo R P, et al. Ecological network analysis of the virtual water network within China's electric power system during 2007—2012[J]. Applied energy,

2016(168):110 - 121.

[94]Halicioglu F. An econometric study of CO_2 emissions, energy consumption, income and foreign trade in Turkey[J]. Energy Policy, 2009, 37 (3): 1156 - 1164.

[95]He Jiankun. The strategic choice of Chinese energy revolution and low carbon development. Wuhan University Journal (Philosophy&Social Sciences), 2015,68(1):6 - 12.

[96]He J. Pollution haven hypothesis and environmental impacts of foreign direct investment:The case of industrial emission of sulfur dioxide (SO_2) in Chinese provinces[J]. Ecological Economics,2006,60 (1):228 - 245.

[97]House P, Williams T. Using Models for Policy Analysis: A Case Study of an Energy - Environment - Economic Issue[J]. Energy Systems and Policy, 1981,5 (1):1 - 24.

[98]Hannon B. The structure of ecosystems[J]. Journal of theoretical biology,1973,41(3):535 - 546.

[99]J Goldemberg,T B Johansson,A K N Reddy,et al. An End - Use Oriented Global Energy Strategy [J]. Annual Review of Energy, 1985 (10): 613 - 688.

[100] Himanshu Nautiyal, S. K. Singal, Varun, et al. Small hydropower for sustainable energy development in India[J]. Renewable and Sustainable Energy Reviews,2011,15:2021—2027.

[101]Han X L. Structural Change and Labor Requirement of the Japanese Economy[J]. Economic System Research,1995,7(1):46 - 65.

[102] Heidi Garrett - Peltier. Green versus brown: Comparing the employment impacts of energy efficiency, renewable energy, and fossil fuels using an input - output model. Economic Modelling,2017,46:439 - 447.

[103] Heidi Garrett - Peltier. Green versus brown: Comparing the employ-

ment impacts of energy efficiency renewable energy, and fossil fuels using an input – output model[J]. 2017, 61: 439 – 447.

[104] IPCC. Revised 1996 IPCC Guidelines for National Greenhouse Gas Inventories [EB/OL]. < http://www. ipcc – nggip. iges. or. Jp/public/gl/invsl. html. > Jenne CA.

[105] Cattell R K. Structural change and energy efficiency in industry [J]. Energy Econ, 1983, l5: 114 – 123.

[106] Khalifa H. Ghali, M. I. T. El – Sakka. Energy use and output growth in Canada: a multivariate cointegration analysis[J]. Energy Economics, 2004, 26: 225 – 238.

[107] Kuemmel B, Nielsen SK, S rensen B. Life – cycle analysis of energy systems[M] Denmark: Roskilde University Press, 1997.

[108] Kuznets S, Murphy JT. Modern economic growth: Rate, structure, and spread[M]. Connecticut: Yale University Press New Haven, 1966.

[109] Liu HT, Guo JE, Qian D, et al. Comprehensive evaluation of household indirect energy consumption and impacts of alternative energy policies in China by input – output analysis[J]. Energy Policy, 2009, 37 (8): 3194 – 3204.

[110] Liu H, Xi Y, Guo J, et al. Energy embodied in the international trade of China: An energy input – output analysis[J]. Energy Policy, 2010, 38 (8): 3957 – 3964.

[111] Liu H T, et al. Embodied energy use in China's infrastructure investment from 1992 to 2007: calculation and policy implications[J]. The scientific world journal, 2012: 1 – 5.

[112] Lutzenhiser L. A cultural model of household energy consumption [J]. Energy, 1992, 17 (1): 47 – 60.

[113] Lenzen M. Energy and greenhouse gas cost of living for Australia during 1993/94[J]. Energy, 1998, 23 (6): 497 – 516.

[114] Lenzen M, Dey CJ. Economic, energy and greenhouse emissions impacts of some consumer choice, technology and government outlay options [J]. Energy Economics, 2002, 24 (4): 377 - 403.

[115] Lenzen M, Dey C, Foran B. Energy requirements of Sydney households [J]. Ecological Economics, 2004, 49 (3): 375 - 399.

[116] Lean HH, Smyth R. Multivariate Granger causality between electricity generation, exports, prices and GDP in Malaysia [J]. Energy, 2010, 35 (9): 3640 - 3648.

[117] Labandeira X, Labeaga JM, Rodraguez M. An integrated economic and distributional analysis of energy policies [J]. Energy Policy, 2009, 37 (12): 5776 - 5786.

[118] Leontief W, FORD D. Air pollution and the economic structure: empirical results of input - output computations [J]. Input - output techniques, 1972: 9 - 30.

[119] Leontief WW. Quantitative input andoutput relations in the economic systems of the United States [J]. There view of Economics and Statistics, 1936, 18 (3): 105 - 125.

[120] Lenotief. W. Environmental repercussions and the economic structure: an input - output approach [J]. Review of Economics and Statistics, 1970, 52 (3): 262 - 271.

[121] Li Y. Ecological network analysis for water use systems - a case study of the Yellow River Basin [J]. Ecological modelling, 2009, 220 (22): 3163 - 3173.

[122] Liu F L, Ang BW. Eight methods for decomposing the aggregate energy - intensity of industry [J]. Applied Energy, 2003 (76): 15 - 23.

[123] Lin X N, Karen R P. Input - output anatomy of China's energy use changes in 1980s [J]. Economic Systems Research, 1995, 7 (1): 67 - 84.

[124]Lehr, U. , Lutz, C. , Edler, D. Green jobs? Economic impacts of renewable energy in Germany[J]. Energy Policy, 2012, 47: 358 - 364.

[125] Lv Hao, Zhou Dequn, Zhou Peng. The study of energy conservation and emission reduction polices based on energy input - output analysis[J]. Journal of Beijing institute of technology (social sciences edition), 2013, 15(4): 35 - 41.

[126]Malthus TR. An Essay on the Principle of Population as it Affects the Future Improvement of Society [M]. London: Ward Lock, 1798.

[127]Machado G, Schaeffer R, Worrell E. Energy and carbon embodied in the international trade of Brazil: an input - output approach[J]. Ecological Economics, 2001, 39 (3): 409 - 424.

[128]Mill JS. Principles of Plitical Economy[M]. New York: M. Kelly, 1857.

[129]Marshall A. Principles of Economics[M]. London: Macmillan, 1890.

[130]Ma C B, Stern D I. . China's changing energy intensity trend: A decomposition analysis[J]. Energy Economics, 2008, 30(3): 1037 - 1053.

[131] Ma H Y, Les O, John G, et al. China's energy economy: Technical change, factor demand and interfactor/interfuel substitution[J]. Energy Economics, 2008, 30(5): 2167 - 2183.

[132]Machado G, Schaeffer R, Worrell E. Energy and carbon embodied in the international trade of Brazil: an input - output approach[J]. Ecological Economics, 2001, 39 (3): 409 - 424.

[133]Malik, A,. Lenzen, M. , Ely, R, Dietzenbacher, E. , Simulation the impact of new industries on the economy: The case of bio refining in Australia [J]. Ecological. Economics, 2014, 107: 84 - 93.

[134]Midden Joanne F, Cees J, Weenig MH, et al. Using feedback, reinforcement and information to reduce energy consumption in households: A field - experiment[J]. Journal of Economic Psychology, 1983, 3 (1): 65 - 86.

[135] Miketa A. Analysis of energy intensity developments in manufacturing sectors in industrialized and developing countries [J]. Energy Policy, 2001, (29): 769 - 775.

[136] Malik, A,. Lenzen, M. , Ely, R, Dietzenbacher, E. , Simulation the impact of new industries on the economy: The case of bio refining in Australia [J]. Ecological Econonics, 2014, 107: 84 - 93.

[137] M. Markaki, A. Belegri - Roboli, P. Michaelides, S. Mirasgedis, n, D. P. Lalas. The impact of clean energy investments on the Greek economy: An input - output analysis (2010—2020) [J]. Energy Policy, 2013, 57: 263 - 275.

[138] Moreno, B. , Lopez, A. J. The effect of renewable energy on employment. The case of Asturias (Spain) [J]. Renewable and Sustainable Energy Reviews, 2008, 12: 732 - 751.

[139] Mongelli I, Tassielli G, Notarnicola B. Global warming agreements, international trade and energy/carbon embodiments: an input - output approach to the Italian case [J]. Energy Policy, 2006, 34 (1): 88 - 100.

[140] Miller R E, Blair PD. Input - Output analysis [J]. Cambridge books, 2009.

[141] Miller R E, Blair PD. Input - Output analysis: foundations and extensions [M]. British: Cambridge University Press, 2009.

[142] Ni Xiao, Jay Zarnikau, Paul Damien. Testing functional forms in energy modeling: An application of the Bayesian approach to U. S. electricity demand [J]. Energy Economics, 2006, 1: 1 - 9.

[143] Pigou AC. The Economics of Welfare [M]. London: Macmillan, 1920.

[144] Poortinga W, Steg L, Vlek C. Values, environmental concern, and environmental behavior [J]. Environment and Behavior, 2004, 36 (1): 70.

[145] Pachauri S, Spreng D. Direct and indirect energy requirements of households in India [J]. Energy Policy, 2002, 30 (6): 511 - 523.

[146] Park S – H. An input – output framework for analysing energy consumption[J]. Energy Economics,1982,4 (2):105 – 110.

[147] Pehnt M. Dynamic life cycle assessment (LCA) of renewable energy technologies[J]. Renewable Energy,2006,31 (1):55 – 71.

[148] Patten B C. Systems analysis and systems simulation in ecology [M]. New York:Academic press,1976.

[149] Patten B C. Trophic dynamics in ecosystem networks:significance of cycles and storage[J]. Ecological Modelling,1990,51(2):1 – 28.

[150] Pollin,R. ,Heintz,J. ,Garrett – Peltier,H. ,The economic benefits of investing in clean energy:how the economic stimulus program and new legislation can boost US economic growth and employment [J]. Published studies,2009.

[151] Piyush,Tiwari. An analysis of sect oral energy intensity in India [J]. Energy Policy,2000(28):771 – 778.

[152] Pan H R. Dynamic and endogenous change of input – output structure with specific layers of technology[J]. Structural Change and Economic Dynamics,2006(17):200 – 223.

[153] Ricardo D. Principles of political economy and taxation[M]. London: G. Bell and sons,1891.

[154] Reinders A, Vringer K, Blok K. The direct and indirect energy requirement of households in the European Union [J]. Energy Policy, 2003, 31 (2):139 – 153.

[155] R. E. Miller,Blair PD. Input – Output Analysis:Foundations and Extensions[M]. New York:Cambridge University Press,2009.

[156] Stern PC. New environmental theories:Toward a coherent theory of environmentally significant behavior[J]. Journal of social issues,2000,56 (3): 407 – 424.

[157] R. E. Miller,Blair PD. Input – Output Analysis:Foundations and Ex-

tensions[M]. New York:Cambridge University Press,2009.

[158]Reinhard M,Yasin S. Impacts of urbanization on urban structures and energy demand: what can we learn for urban energy planning and urbanization management [J]. Sustainable cities and society,2011(1):45 –53.

[159]Solow RM. The economics of resources or the resources of economics [J]. The American Economic Review,1974,64 (2):1 –14.

[160]Schafe A r. Structural change in energy use [J]. Energy Policy,2005 (33):429 –437.

[161]Semboja HHH. The effects of energy taxes on the Kenyan economy :A CGE analysis[J]. Energy Economics,1994,16 (3):205 –215.

[162]Sovacool BK. Conceptualizing urban household energy use: Climbing the "Energy Services Ladder"[J]. Energy Policy,2011,39 (3):1659 –1668.

[163]Saige W,CHEN B. Hybrid ecological network and flow – distance analysis for international oil trade[J]. Energy Procedia ,2016(104):209 –214.

[164]Saige W,et al. Inter – country energy trade analysis based on ecological network analysis[J]. Energy procedia,2016(104):580 –584.

[165]Shaikh F,et al. Evaluating China's natural gas supply security based on ecological network analysis[J]. Journal of cleaner production,2016(139): 1196 –1206.

[166]Shaikh F,et al. An ecological network analysis of the structure,development and sustainability of China's natural gas supply system security[J]. Ecological indicators,2017(73):235 –246.

[167]Shen Lisheng. How Does the Change of Final Demand Structure Affect the Change of Industrial Structure[J]. The Journal of Quantitative & Technical Economics,2011(12):87 –88.

[168] Shi Dan. The Improvement Of Energy Consumption Efficiency In China's Economic Growth[J]. Economic Research Journal,2002(9):49 –56.

[169] Shi Yao – yuan. Input – Output Analysis on Chinese Economic Structure Change[J]. systems engineering – theory & practice, 1999(10): 74 – 76.

[170] Seung – Hoon Yoo, Tae – Ho Yoo, et al. The Role of the nuclear power generation in the Korean national economy: An input – output analysis [J]. Progress in Nuclear Energy, 2009, 51: 86 – 92.

[171] Shin Nagashima, Yohji Uchiyama, Keiichi Okajima. Environment, energy and economic analysis of wind power generation system installation with input – output table[J]. Energy Procedia, 2015, 75: 683 – 690.

[172] S. Tegen, E. Lantz, M. Hand, B. Maples, A. Smith, and P. Schwabe. 2011 Cost of Wind Energy Review [R]. National Renewable Energy Laboratory: 1 – 50.

[173] Scott, M. J, Roop, J., Schultz, R, Anderson, D., Cort, K. The impact of DOE building technology energy efficiency programs on US employment, income and investment. [J]. Energy Economics, 2008, 30(5): 2283 – 2886.

[174] Tourkolias, C., Mirasgedis, S. Quantification and monetization of employment benefits associated with renewable energy technologies in Greece[J]. Renewable and Sustainable Energy Reviews, 2011, 15: 2876 – 2886.

[175] Thapat Silalertruksa, Shabbir H. Gheewala, Katja Hunecke, et al. Biofuels and employment effects: implications for socioeconomic development in Thailand[J]. Biomass and Bioenergy, 2012, 46: 409 – 418.

[176] Ukidwe N R, BAKSHI B R. Resource intensities of chemical industry sectors in the United States via input – output network models[J]. Computers and chemical engineering, 2008, 32(9): 2050—2064.

[177] Van Diepen A. Households and Their Spatial – energetic Practices [J]. Searching for Sustainable Urban forms Groningen, 2000.

[178] Volkan S., Edigera, Sertac, Akar. ARIMA forecasting of primary energy demand by fuel in Turkey[J]. Energy Policy, 2007, 35: 1701 – 1708.

[179]Wang X,Feng Z. On household energy consumption for rural development:a study on Yangzhong County of China[J]. Energy,1999,24 (6):493 -500.

[180]Wei Yi - Ming,Fan Yin,et al. A Model for Scenario Analysis of China s Energy Requirement and Energy Intensity and Its Applications [J]. Chinese Journal of Management,2004(1):62 -66.

[181]Wang Hai - jian. An Input Output Analysis of Economic Structural Changes and Energy Requirement[J]. Statisticla Research,1999(6):30 -34.

[182]Wang Yu - qian. Energy intensity and factors decomposition analysis [J]. Quantitative & Technica Economics,2003(8):151 -154.

[183]Wen Danhui,Wang Can. Private and social mitigation cost comparisons of clean energies in China[J]. Journal of systems engineering,2014,29(5): 593 -600.

[184]Xiaohua W,Zhenmin F. Common factors and major characteristics of household energy consumption in comparatively well - off rural China[J]. Renewable and Sustainable Energy Reviews,2003,7 (6):545 -552.

[185]Yang S Y,et al. Ecological network analysis of embodied particulate matter 2.5 - A case study of Beijing[J]. Applied energy,2016(184):882 -888.

[186]Yetis Sazi Murat,Halim Ceylan. Use of artificial neural networks for transport energy demand modeling[J]. Energy Policy,2006,34:3165 -3172.

[187]Yu Bo,Li Yong - liang,Chi Chun - jie. Endogenous model with exhaustible energy,pollution abatement spending and sustainable growth induced [J]. Journal of Management Sciences in China,2006,4(9):12 -17.

[188]Zarnikau,J. Functional forms in energy demand modeling[J]. Energy Economics,2003,25 (6):603 -613.

[189]Zhang Y,et al. Ecological network and emergy analysis of urban metabolic systems:model development,and a case study of four Chinese cities[J]. Ecological modelling,2009(220):1431 -1442.

[190]Zhang Y,et al. Ecological network analysis of an industrial symbiosis system:a case study of the Shandong Lubei eco – industrial park[J]. Ecological modelling,2015(306):174 – 184.

[191]Zhang Y,et al. Modelling urban nitrogen metabolic processes based on ecological network analysis: A case of study in Beijing, China[J]. Ecological modelling,2016(337):29 – 38.

[192]Zhang Hui – ming Ding Juan. On the Effect of Technological Progress and Drastic Technical Advancement on the Industrial Structure Readjustment [J]. Fudan Journal(Social Sciences Edition),2004(3):81 – 85.

[193]Zhi – Yong Han, Ying Fan, Jian – Ling Jiao, Ji – Sheng Yan, Yi – Ming Wei. Energy structure, marginal efficiency and substitution rate: An empirical study of China [J]. Energy,2007,32:935 – 942.

[194]Zhang Hanqi,Sun Deqiang,Zheng Junwei,et al. The changing rules of the world industrial revolution and energy revolution and its inspiration to China's energy development[J]. Research and Approach,2015,37(7):35 – 37.